Nuh Alpaslan

Gradyan Tabanlı Öznitelik Çıkarma Yöntemlerine Yeni Yaklaşımlar

Nuh Alpaslan

Gradyan Tabanlı Öznitelik Çıkarma Yöntemlerine Yeni Yaklaşımlar

Türkiye Alim Kitapları

Impressum / Yayınevi adı
Bibliografische Information der Deutschen Nationalbibliothek: Die Deutsche Nationalbibliothek verzeichnet diese Publikation in der Deutschen Nationalbibliografie; detaillierte bibliografische Daten sind im Internet über http://dnb.d-nb.de abrufbar.

Deutsche Nationalbibliothek tarafından yayınlanan bibliyografik bilgiler: Deutsche Nationalbibliothek, bu yayını Deutsche Nationalbibliografie'de listeler; detaylı bibliyografik bilgi İnternet'te http://dnb.d-nb.de sitesinde mevcuttur.

Coverbild / Kitap kapağı resmi: www.ingimage.com

Verlag / Yayıncı:
Türkiye Alim Kitapları
ist ein Imprint der / yayınevinin bir ticari markasıdır
OmniScriptum GmbH & Co. KG
Heinrich-Böcking-Str. 6-8, 66121 Saarbrücken, Deutschland / Almanya
Email / E-posta: info@turkiye-alim-kitaplary.com

Herstellung: siehe letzte Seite /
Basım yeri: son sayfaya bakın
ISBN: 978-3-639-67227-5

ÖZET

Yüksek Lisans Tezi

GRADYAN TABANLI ÖZNİTELİK ÇIKARMAYÖNTEMLERİNE YENİ YAKLAŞIMLAR

NUH ALPASLAN
İnönü Üniversitesi
Fen Bilimleri Enstitüsü
Bilgisayar Mühendisliği Anabilim Dalı

78+ix sayfa

2013

Danışman: Yrd. Doç. Dr. M. Fatih TALU

Bu tez çalışmasında heterojen öznitelik tanımlayıcıları olarak bilinen Co-occurrence histogram of oriented gradients (CoHOG) ve Co-occurrence Histograms of pairs of Edge orientations and color Differences (CoHED) yöntemlerinin dezavantajlarını ortadan kaldıran yeni bir yöntem önerilmiştir. Daha önce önerilen geleneksel yöntemler kenar yönelimlerinin belirlenmesi için çift açı sunumu (double angle representation) yöntemini kullanmaktadır.

Çift açı sunumu yöntemi tanımlayıcı kalitesinde hayati rol oynamaktadır. Bununla beraber, çift açı sunumu yönteminin 3 önemli dezavantajı bulunmaktadır. Bu dezavantajlar reel ve kompleks eksen arasındaki dönüşüm sırasındaki zaman kaybı, gradyan değişimlerini daha az ifade edebilme yeteneği ve matematiksel karmaşıklıktır. Önerilen yöntem (cgCoHOG ve cgCoHED) bahsedilen dezavantajları çift açı yönteminin yerine renkli gradyan (color gradient) yöntemi kullanarak giderebilmektedir. Renkli gradyan yöntemi renk bilgisinin tüm avantajlarını kullanmaktadır ve uygun hesapsal maliyeti ile tutarlı sonuçlar vermektedir.

Bu tez çalışmasında önerilen cgCoHOG ve cgCoHED öznitelik tanımlayıcılarının 2 önemli katkısı bulunmaktadır. Birincisi, öznitelik vektör boyutunu artırmadan sınıflandırma sürecinde geleneksel yöntemlerden daha doğru sonuçların elde edilmesini sağlamaktadır. İkinci katkısı ise, bu vektörleri geleneksel yöntemlerden daha kısa sürede elde etmesidir. Bu bahsedilen katkılar önerilen yöntemleri yaya tanıma gibi gerçek zamanlı uygulamalar oldukça kullananılabilir kılmaktadır.

Deneysel sonuçlar önerilen yöntemin zaman ve sınıflandırma doğruluğu açısından geleneksel yöntemlerden üstünlüğünü açıkça ortaya koymaktadır.

ANAHTAR KELİMELER: CoHOG - CoHED – Hetererojen Öznitelikler – Nesne Sınıflandırma

ÇİZELGELER DİZİNİ

SİMGELER VE KISALTMALAR

BRIEF .... İkili Sağlam Bağımsız Temel Öznitelikler
C .... Kovaryans matris
CoHD .... Renk Farklılığının Eş Oluşum Histogramı
CoHED .... Kenar Yönelimi ve Renk Farklılığı Çiftlerinin Eş Oluşum Histogramı
CoHOG...................... Gradyan Yönelimlerinin Eş Oluşum Histogramı
Color-CoHOG.......... Gradyan Yönelimlerinin Renkli Eş Oluşum Histogramı
CHOG........................ Sıkıştırılmış Yönlü Gradyan Histogramı
Det .... Determinant
DoG .... Gauss Farkı
DoH........................... Hessian Determinantı
erf .... Gauss Hata Fonksiyonu
GLOH......................... Gradient Location and Orientation Histogram
HOG .... Yönlü Gradyan Histogramı
I .... Birim Matris
LoG .... Laplacian of Gaussian
MSER .... Maksimum Durağan Uç Bölgeler
SIFT.......................... Ölçekten Bağımsız Öznitelik Dönüşümü
SURF......................... Hızlandırılmış Gürbüz Öznitelikler
RIFF .... Yönelimden Bağımsız Hızlı Öznitelikler
TBA........................... Temel Bileşen Analizi
Φ .... Özvektör
λ .... Özdeğer
μ .... Örnek Kümesinin ortalaması
ψ .... Ana Dalgacık Fonksiyonu
Λ .... Lamda
ε .... Normalizasyon Sabiti
σ .... Sigma
σ^2 .... Varyans

1.GİRİŞ

1.1 Örüntü

Örüntü, olay veya nesnelerin düzenli bir biçimde birbirini takip ederek gelişmesi şeklinde tanımlanmaktadır [1]. Başka bir ifadeyle örüntü, ilgilenilen olay veya nesnelerle ilgili gözlenebilir veya ölçülebilir bilgilere verilen addır. Ses sinyali, uzaktan algılama verisi, insan yüzü, retina, parmak izi ve biyomedikal cihazlardan elde edilen görüntüler, örüntüye dair bazı örnekler olarak verilebilir [2, 3].

1.2 Örüntü Tanıma

Örüntü tanıma, ortak özelliğe sahip veya aralarında bir ilişki kurulabilen karmaşık olayları ve nesneleri çeşitli prosedürler vasıtasıyla tanımlayıp sınıflandırma işlemidir. Bu nesneler uygulamaya bağlı olarak görüntü, sinyal dalga yapıları veya sınıflandırılabilecek herhangi bir ölçüm olabilir. Örüntü tanıma sistemi, 1960'lı yıllardan önce istatistiksel alandaki teorik araştırmalarla sınırlı kalmıştır. Ancak, son yıllarda bilgisayar teknolojisindeki hızlı gelişme bu alandaki uygulamaların artmasına olanak sağlamıştır. Endüstriyel üretimde otomasyon uygulamalarının artışı, bilgi geri çağırımı ve elde edilmesi gibi alanlardaki talep artışı örüntü tanımayı günümüzün mühendislik uygulama ve araştırma konularında önemli bir noktaya getirmektedir [4].

Canlılar çevrelerini algılamada göz, kulak, burun ve tat alma hücreleri gibi duyu organlarını kullanırlar. Canlıların vücudunda doğal olarak bulunan bu sensörler beyindeki algılama için gerekli uyarım işlemini gerçekleştirirler [5]. Algılama, bir diğer ifade ile biyolojik örüntü tanıma, önceki deneyim ve öğrenmelere dayalı olarak kendiliğinden yapılır. Günümüzde teknoloji ve sanayi alanlarındaki hızlı gelişmeler sektörleri, verimliliği arttırmak amacıyla insan gücü ile yapılabilen birçok işlemi, daha hızlı ve kendiliğinden yapabilmenin yollarını bulmaya sevketmiştir. Bu gereksinimler teknolojik açıdan örüntü tanıma uygulama alanlarının artışına sebep olmuştur.

Çevreyi veya durumları teknolojik olarak algılamayı sağlayan örüntü tanıma işleminde, canlılardaki duyu organlarının işlevlerini sağlayan sensörler kullanılmaktadır. Sensörlerin çıktıları bilgisayar sistemlerine aktarılarak, daha sonra örüntü tanıma sürecinde sistem tarafından işlenmek üzere sayısal sinyallere dönüştürülmektedir. Örneğin, ses verisi için mikrofon, görüntü verisi için kamera gibi özel cihazlar kullanılarak bu veriler kaydedilebilmektedir. Sensör verisinin işlenmesine kullanım alanına göre, sinyal işleme ve görüntü işleme olarak isimlendirilebilmektedir. Bir diğer ifade ile örüntü tanıma, bilgisayarın elde edilen bir sinyalin ne demek istediğini anlamaya çalışmasıdır [6].

Günümüz bilgisayar ve sesli-görsel ekipmanlarında sayısal görüntüler ve konuşma sinyalleri oldukça fazla kullanılmaktadır. Sayısal yüksek-tanımlı (HD) videolar bu duruma örnek olarak gösterilebilir. Tüm bilgisayarlar video ve ses destekli, sayısal görüntü ve yazıları işleyen uygulamaları çalıştırabilir durumdadır. Bu gelişmelerin sonucunda örüntü tanımanın çok çeşitli kullanım alanları ortaya çıkmıştır. Barkod okuyucular, bilgisayarlarla akustik haberleşme, diyalog sistemleri, konuşmacı tanıma sistemleri, sismik sensörden gelen sinyallerin tanımlanması; tıpta bilgisayar destekli tıbbi tanılama temelli X-ray, CT veya MR görüntülerinin, kalp ve beyin sinyallerinin incelenmesi; askeri alanda uydu görüntülerinin işlenmesi, örüntü tanıma uygulamalarının yaygın örneklerindendir. Ayrıca, son yıllarda meteorolojik hava tahmini, hava kirliliği tahmini, canlı sınıflandırma ve bunların yanı sıra güvenlik konusunda artan talepler doğrultusunda yüz, retina, parmak izi, el yazısı tanıma gibi alanlarındaki çalışmalar ön plana çıkmaktadır. Yarım yüzyılı aşkın süredir üzerinde çalışılmakta olan bu bilim dalının önemi, her geçen gün ortaya çıkan yeni uygulama alanlarıyla birlikte giderek artmaktadır [5, 6].

Örüntü tanıma sürecinin temel öğeleri, önişlem (gürültü azaltma, önvurgulama, v.b.), öznitelik çıkarımı, öznitelik seçimi, öğrenme ve sınıflandırmadır (Bkz. Şekil 1.1).

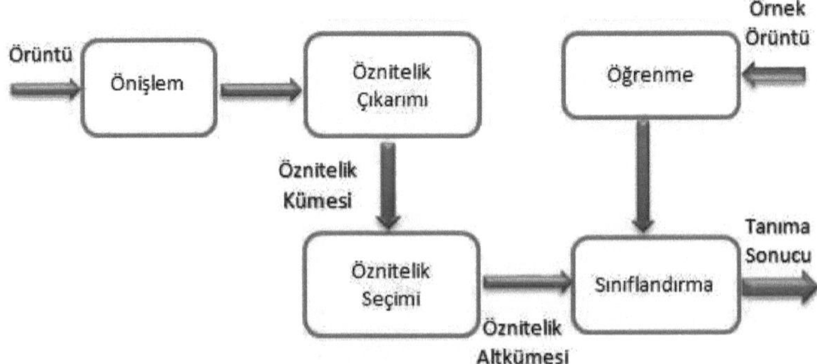

Şekil 1.1 Örüntü tanıma süreci

Öznitelikler çıkarılmadan önce, sinyal veya imgenin bir önişlemden geçirilmesi gerekebilir. Önişlemin amacı, uygulamanın sonraki aşamalarında yapılacak hesaplamayı kolaylaştırmaktır. Bu amaçla, sinyal veya imge değişik yöntemlerle iyileştirilebilir. Örnek olarak, önişlem basamaklarından birisi görüntülerin yumuşatılmasıdır (smoothing). Yumuşatma görüntüdeki istenmeyen detayları veya gürültüleri azaltacak ve sonraki işlemleri hızlandıracaktır. En temel ön işlemlerden birisi de normalizasyon işlemidir. Ön işlemler problemden bağımsız olarak gerçekleştirilir. Diğer bir ifade ile gösterim şekli değişmez; yani, örüntüler örüntülere, görüntü matrisleri görüntü matrislerine veya ses sinyalleri yine ses sinyallerine dönüştürülür. Sadeleştirme sağlayan bu önişlemlerin ardından öznitelikler çıkarılır [6].

1.3 Öznitelik Çıkarımı

Öznitelik, temel olarak örüntüye ait ölçülebilir ya da gözlenebilir bilgi şeklinde ifade edilebilir. Öznitelik çıkarımı, ilgisiz ve fazla bilgiyi eleyerek örüntüye ait karakteristik özelliklerin elde edilmesini sağlar. Temel anlamda bir çeşit boyut indirgeme işlemidir. Özellikle görüntü işleme uygulamalarında çok yüksek boyutlu veriler kullanıldığından bu verilerin orijinal halleriyle kullanılması işlem süresini büyük oranda artırmaktadır. Öznitelik çıkarım yöntemleriyle, orijinal verilerin gereksiz ve yüksek boyuttaki bilgileri elenip karakteristik özellikleri korunarak, daha küçük boyutlara indirgenmesi sağlanır [3].

Örüntü tanıma aşamalarından biri olan öznitelik çıkarımı sistemin başarısında önemli bir rol oynamaktadır. Uygun seçilmiş öznitelikler sınıfların karakteristik özelliklerini ifade ederler ve tanıma başarısını olumlu yönde etkilerler. Öznitelik çıkarımının amacı, sınıfa ait bilginin mümkün olan en fazlasını daha küçük boyutlara taşıyabilmektir. Başka bir ifadeyle öznitelik çıkarımının amacı k-boyutlu bir X gözlem uzayından, daha küçük l-boyutlu Y öznitelik uzayına, X uzayını mümkün olan en iyi şekilde ifade edebilen bir T dönüşümü bulabilmektir [4].

$$X[kxk] \xrightarrow{T} Y[lxl] \qquad k > l \tag{1.1}$$

Sayısal öznitelikler, örüntünün sınıfını niteleyen gerçel sayılar veya vektörler kümesi şeklinde olabilir. Örneğin, ses sinyali için sinyalin frekans bilgisi kullanılırken, görüntü için ortalama gri-seviye renk değeri önemli bir öznitelik olarak kullanılabilir.

geleneksel yöntemlerde kullanılan çift açı sunumu yöntemlerinin nasıl hesaplandığı ve avantaj ve dezavantajlarından bahsedilmiştir.

Bölüm 4, tez kapsamında yapılan tüm deneysel çalışmaları içermektedir. Her deneysel çalışma için, kullanılan veri seti hakkında bilgi verilmiş, deney sonuçları tablolar ve şekiller yardımıyla açıklanmış ve sonuçların analizi yapılmıştır.

Bölüm 5, tez çalışması kapsamında yapılan araştırmalara ve geliştirilen yönteme dair genel sonuçları içermektedir.

2.ÖZNİTELİK ÇIKARMA YÖNTEMLERİ

Öznitelik çıkarımı, en basit ifadeyle bir boyut indirgeme işlemidir. Sınıflandırılacak bir örüntü genellikle çok fazla miktarda gereksiz bilgi içermektedir. Bu durum, sınıflandırma hassasiyetini düşürürken işlem süresini de yükseltmektedir. Bu olumsuzluğu gidermek için, örüntü bilgisi daha düşük boyuttaki başka bir veriye dönüştürülür. Örüntüye ait fazla ve gereksiz verinin elenip, sadece örüntüyü temsil eden ve toplam veriden çok düşük boyuttaki karakteristik bilginin elde edildiği bu dönüşüme öznitelik çıkarımı adı verilir.

Öznitelik çıkarımı için kullanılacak yöntem, problem alanına bağlı olarak değişmektedir. Örneğin, ses ve konuşma tanıma problemlerinde, sinyalin spektrumu incelenerek sinyalin tümü yerine çeşitli frekans bantlarındaki bilgiler öznitelik olarak kullanılabilir [12]. Görüntü tanıma uygulamalarında, bir görüntünün tamamı yerine, görüntünün spektrum analizi bilgileri ve görüntüye ait renk, parlaklık, köşe ve kenar gibi bilgiler öznitelik kümesini oluşturabilir [13]. Metin sınıflandırma uygulamalarında ise, metin içerisindeki kelime ve sembollerin tamamının yerine sınıflara mahsus birtakım anahtar kelime ve sembollerin frekansları, metin içerisinde görülme sıklıkları öznitelik vektörü olarak kullanılabilir [14, 3].

Nesne sınıflandırmada öznitelik çıkarımı kritik bir rol oynamaktadır. Çıkarılan özniteliğin sınıflandırılacak olan nesneyi ayırt edici kılması gerekmektedir. Görsel özniteliklerin kullanılmasındaki en önemli sebep her bir nesnenin kendine özel görsel özniteliklerinin olmasıdır. Öznitelik çıkarımı, nesne temsili ile yakından ilgilidir. Örneğin histogram tabanlı temsillerde nesnenin renk özniteliği kullanılırken, çevre çizgisi tabanlı temsillerde nesnenin kenar özniteliği tercih edilmektedir. Nesne sınıflandırmada genellikle renk, şekil, kenar, optik akış ve doku gibi öznitelikler tercih edilmektedir [15].

Renk: Bir nesnenin rengi, ışık kaynağının ışık tayfının güç dağılımı ve nesnenin yüzey yansıma özellikleri olmak üzere iki esas fiziksel faktörden etkilenmektedir. Görüntü isleme çalışmalarında, rengi temsil etme amacıyla genellikle RGB (Red, Green, Blue – Kırmızı, Yeşil, Mavi) renk uzayı kullanılmaktadır. Bunun yanında YUV ve HSV (Hue, Saturation, Value – Renk Tonu, Doygunluk, Değer) uzayları da kullanılmaktadır. Nesne sınıflandırmada hangi renk uzayının kullanılmasının daha verimli olduğuna dair kesin bir karar bulunmamaktadır [15].

Kenar: Nesne dış çizgileri görüntü yoğunluğunda genellikle büyük değişimlere yol açmaktadır. Kenarların en önemli özelliği renk öznitelikleri ile kıyaslandığında ışık değişimlerine daha az duyarlı olmasıdır. Nesnelerin dış çizgisini kullanan algoritmalar öznitelik olarak genellikle kenar özniteliğini kullanmaktadır. Sonuçlarının basitliği ve kesinliği sebebiyle en çok tercih edilen kenar bulma yaklaşımı Canny Kenar Bulma (Canny Edge Detector) yöntemidir [15].

Optik Akış: Optik akış, bir bölgedeki her bir pikselin ötelemesini tanımlayan yer değiştirme vektörlerinin yoğunluk alanıdır. Arka arkaya gelen görüntüdeki eş piksellerin parlaklıkları kullanılarak hesaplanmaktadır [15].

Doku: Doku, pürüzsüzlük ve düzenlilik gibi öznitelikleri ölçen yüzeyin yoğunluk değişim ölçüsüdür. Renk ile karsılaştırıldığında doku tanımlayıcılarını oluşturabilmek için filtre uygulama gibi ön işlemlere ihtiyaç duymaktadır. Kenar öznitelikleri gibi doku öznitelikleri de ışık değişimlerine daha az duyarlıdır [15].

Öznitelik çıkarma yöntemleri Şekil 2.1 de detaylı olarak gösterilmiştir. Şekilde görüldüğü gibi literatürde var olan öznitelik çıkarma yöntemleri genel olarak düşük seviyeli ve yüksek seviyeli yöntemler olmak üzere ikiye ayrılmıştır. Düşük seviyeli yöntemler kenar bulma, köşe bulma ve blob bulma yöntemleri olmak üzere üç sınıfa, yüksek seviyeli yöntemler ise bağımsız, şekil tabanlı, gradyan tabanlı ve şekil eşleştirme tabanlı yöntemler olmak üzere dört sınıfa ayrılmıştır. Bu bölümde yukarıda bahsedilen yöntemlerle ilgili ayrıntılı bilgi sunulacaktır.

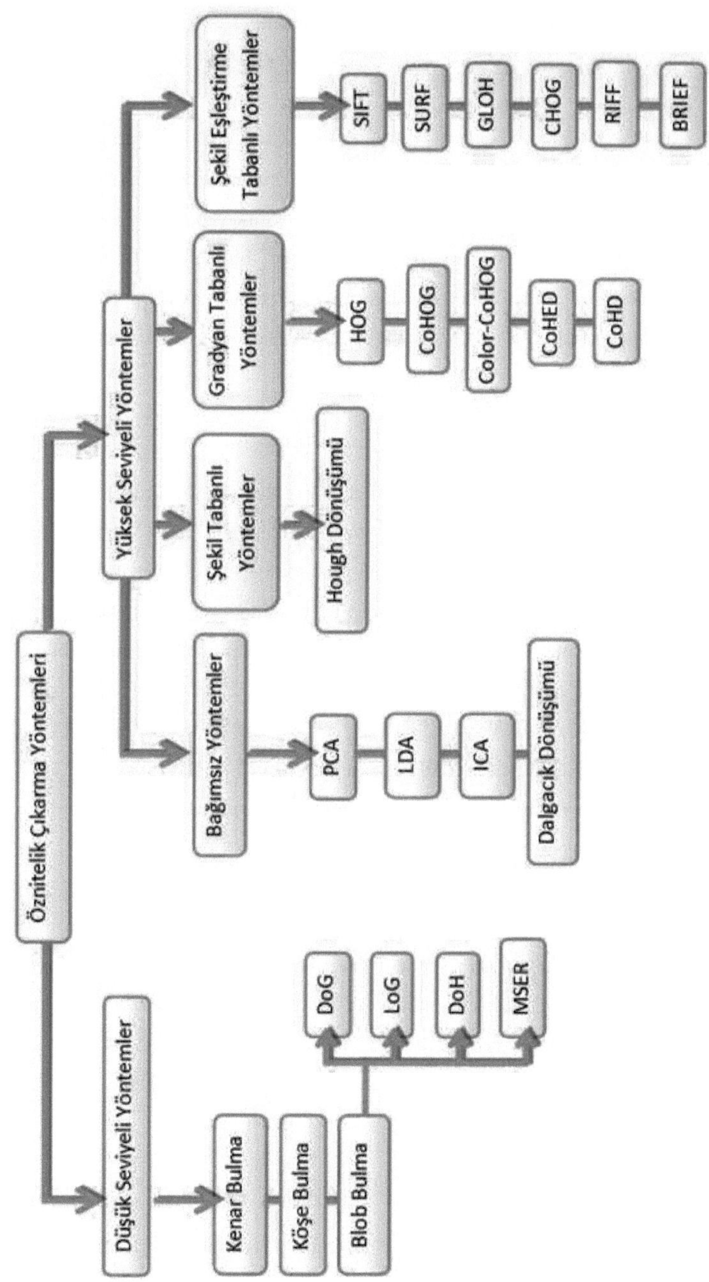

Şekil 2.2 Öznitelik çıkarma literatürü

2.1 Düşük Seviyeli Öznitelik Çıkarma Yöntemleri

2.1.1 Kenar Bulma Yöntemleri

Kenar bulma, imgelerde piksel değerlerindeki değişimlerin gerçekleştiği yerlerin belirlenmesi işlemidir. Nesne tanıma ve bölütleme gibi daha ileri seviyeli görüntü işleme yöntemlerindeki ilk aşamalardan biri olarak yer aldığından, bunların başarısını etkileyen önemli unsurlardan biridir. Kenar bulma ile ilgili çeşitli yöntemler önerilmiştir. Literatürde Sobel, Prewitt, Canny [16] ve Roberts [17] kenar bulma yöntemleri kullanılmaktadır. Canny operatörü başarılı sonuçlarından dolayı literatürde oldukça yoğun olarak kullanılmaktadır [18].

2.1.2 Blob Bulma Yöntemleri

İmgelerde, bir kısım dönüşüme karşı değişmeyen özel bölgelerin bulunması bilgisayarla görmede önemli bir yer tutmaktadır. Söz konusu bölgeler nesne sınıflandırma ve model tabanlı tanıma gibi çok çeşitli uygulamalarda kullanılmaktadır. İlgi bölgesi olarak adlandırılan bu bölgelerin bulunmasındaki amaç; bir sahnenin farklı geometrik ve fotometrik şartlarda elde edilen imgelerinde bulunan ilgi bölgelerinin aynı yüzey parçalarına denk gelerek birbirleriyle eşleştirilebilmesini sağlamaktır. LoG (The Laplacian-of-Gaussian) [19], DoG (The Difference-of-Gaussian) [19], DoH (Determinant of Hessian) [20], Maksimum Durağan Uç Bölgeler (MSER) [21] ilgi noktası bulma yöntemlerine verilebilecek örnek algoritmalardır [22].

2.1.2.1 The Laplacian-of-Gaussian (LoG)

The Laplacian-of-Gaussian (LoG), imgenin belirli bir oranda bulanıklaştırılıp ikinci türevinin alınması (ya da laplacian) işlemidir. Bu şekilde resim üzerindeki kenar ve köşeler bulunur, bu işlem anahtar noktaların bulunmasında oldukça önemlidir. Ancak bu türev işlemi hesapsal olarak maliyetli bir işlem olduğundan bunun yerine DoG işlemini kullanılmaktadır. LoG matematiksel olarak denklem 2.1'deki gibi ifade edilebilir [19].

$$L(x,\sigma) = \sigma^2(I_{xx}(x,\sigma) + I_{yy}(x,\sigma)) \tag{2.1}$$

Burada $G_{xx}(x,\sigma)$ ve $G_{yy}(x,\sigma)$, I imgesinin σ ölçeğinde Gauss kernel fonksiyonu ile katlama (konvülüsyon) işlemine tabi tutularak yatay ve dikey olarak ikinci dereceden kısmi türevinin alınmasını ifade etmektedir. $L(x,\sigma)$ ise bu ifadelerin toplamını ifade etmektedir.

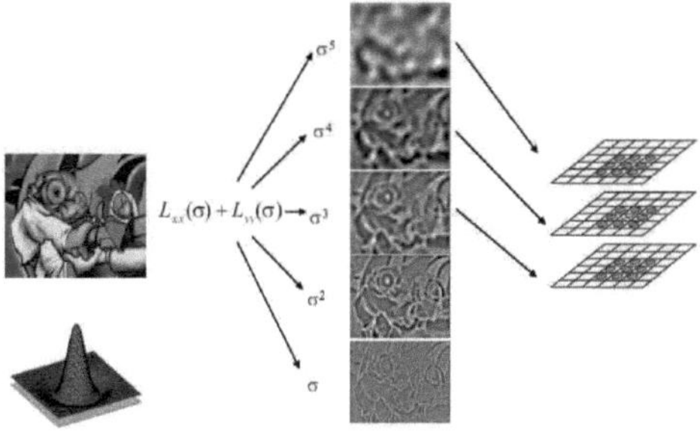

Şekil 2.3 LoG işlemi genel yapısı

2.1.2.2 The Difference-of-Gaussian (DoG)

DoG (The Difference-of-Gaussian) bölge algılayıcısı öteleme, dönme ve ölçekleme değişimlerine karşı duyarsızdır ve aydınlanma ve bakış açısı değişimlerine kısmi duyarsızdır. DoG işlemi LoG işlemi ile benzer sonuçlar vermektedir. Hesaplama kolaylığından dolayı LoG yöntemine göre daha fazla tercih edilmektedir. DoG matematiksel olarak Denklem 2.2'deki gibi ifade edilebilir [19].

$$D(x,\sigma) = \big(G(x,k\sigma) - G(x,\sigma)\big) * I(x) \qquad (2.2)$$

Burada $G(x,\sigma)$, I imgesinin σ ölçeğinde Gauss kernel fonksiyonu ile katlama işlemine tabi tutularak imgenin bulanıklaştırılmasını ifade etmektedir. $D(x,\sigma)$ ise elde edilen bu gauss fonksiyonlarının farkını ifade etmektedir . DoG işleminin nasıl uygulandığı Şekil 2.3'de görülmektedir.

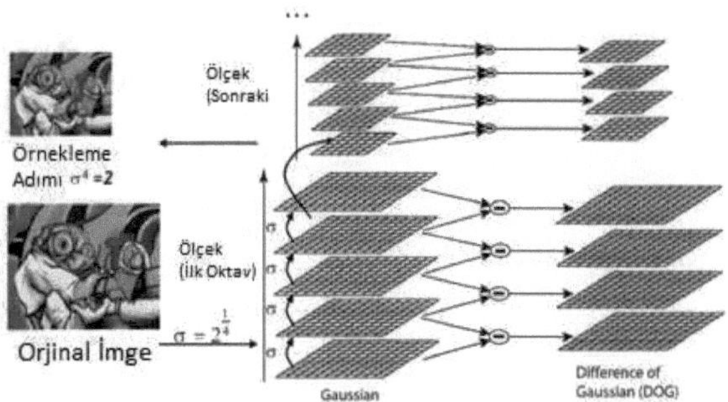

Şekil 2.4 DoG işlemi genel yapısı

2.1.2.3 Determinant of Hessian (DoH)

DoH (Determinant of Hessian) bölge algılayıcısı öteleme, dönme ve ölçekleme değişimlerine karşı duyarsızdır. Hessian matrisinin determinantının maksimum olduğu konum blob türü yapıları algılamak için kullanılmaktadır. I imgesinin (x, y) noktası için Hessian matrisi denklem (2.3) ile tanımlandığı gibi hesaplanır [20];

$$H\big(I(x,y)\big) = \begin{bmatrix} \frac{\partial^2 I}{\partial x^2} & \frac{\partial^2 I}{\partial y \partial x} \\ \frac{\partial^2 I}{\partial x \partial y} & \frac{\partial^2 I}{\partial y^2} \end{bmatrix} \tag{2.3}$$

Hessian matris bulanıklaştırılmış görüntünün ikinci dereceden kısmi türevlerinin oluşturduğu matristir. Hessian matrisinin determinantı denklem (2.4) ile hesaplanır:

$$det\Big(H\big(I(x,y)\big)\Big) = \frac{\partial^2 I}{\partial x^2}\frac{\partial^2 I}{\partial y^2} - \left(\frac{\partial^2 I}{\partial x \partial y}\right)^2 \tag{2.4}$$

Determinantın değeri ikinci derece fonksiyon testi yapılarak, fonksiyonun maksimum ve minimum noktalarını belirlemek için kullanılır. σ ölçeğinde bulunan $\mathrm{P}(\mathrm{x}, \mathrm{y})$ noktası için Hessian matrisi denklem 2.5'deki gibi hesaplanır:

$$H(P,\sigma) = \begin{bmatrix} L_{xx}(P,\sigma) & L_{xy}(P,\sigma) \\ L_{xy}(P,\sigma) & L_{yy}(P,\sigma) \end{bmatrix} \tag{2.5}$$

$L_{xx}(P,\sigma)$ ikinci derece Gauss türevi $\frac{\partial^2 g(\sigma)}{\partial x^2}$ 'nin $P(x,y)$ ile tanımlanan noktadaki evrimidir; Benzer şekilde L_{xy} ve L_{yy} değerleri bulunur.

2.1.2.4 Maksimum Durağan Uç Bölgeler (MSER)

Maksimum durağan uç bölge (MSER, Maximally Stable Extremal Regions), imgenin uygun şekilde eşiklenmiş bağlı bileşenleri olarak tanımlanabilir. Burada geçen "uç" (extremal) kelimesi MSER içindeki noktaların bölge sınırındaki noktalardan daha karanlık veya daha aydınlık olmasını ifade etmektedir. "Maksimum durağan" (maximally stable) ise eşik seçim işlemindeki optimizasyon özelliğini ifade etmektedir. Sonuç olarak, tüm eşik değerlerinde elde edilen bağlı bileşenler arasında en fazla eşik aralığına sahip durağan olan bölgeler maksimum durağan uç bölgeler olarak kabul edilir [22, 23].

Yöntemin uygulanmasında; imge noktaları parlaklık değerine göre sıralanır ve artan veya azalan sırayla noktalar imgeye yerleştirilir. Bu işlem sırasında bileşen bölgeler ve alanları birleşim bulma (union-find) algoritması ile bulunarak bir listede tutulur. Eşikleme işleminin her aşamasında, iki bölgenin birleşimi ile küçük olan bölge büyük olan bölgeye dahil edilir ve küçük olan bölge listeden çıkarılır. Eşik değeri azaltılıp/arttırılarak bölge alanındaki değişimin en az olduğu eşik değerleri maksimum durağan uç bölgeleri üreten eşik aralıkları olarak seçilir. Başka bir ifadeyle ifadeyle; tüm eşik değerlerinde bulunan bağlı bileşenlerin oluşturduğu uç bölgeler kümesinde, birbirini içeren bölgeler dizisi $Q_1, \dots Q_{i-1}, Q_i, \dots$ şeklinde gösterilir. Bu dizi $Q_i \subset Q_{i+1}$ şartını sağlamaktadır. Dizideki Q_{i^*} uç bölgesinin maksimum durağan olarak seçilebilmesi için [22];

$$q(i) = |Q_{i \pm \Delta}| / |Q_i| \quad (2.6)$$

ifadesinin i^* değerinde yerel minimum olması gerekmektedir. Bu ifadede $|\cdot|$ bölge alanını göstermekte, Δ değeri ise yöntemin bir parametresini ifade etmektedir. Ayrıca $\pm$ işareti hem azalan hem de artan eşik değerleri için yerel minimumların bulunacağını göstermektedir. Bu işlem, uç bölgeler kümesindeki birbirini içeren tüm bölgeler dizisi üzerinde yapılarak maksimum durağan uç bölgeler elde edilir [22].

MSER yönteminde, yığılmalı kümeleme esas alınarak benzer renge sahip komşu imge noktaları kümeleme işlemine tabi tutulur. Kümeleme işlemi için dört veya sekiz komşuluktaki noktaların birbirlerine olan renk uzaklıkları bir listede tutulur. Algoritmanın her aşamasında, $t \in [0 \dots T]$, imge noktaları aşamalı olarak etiketlenir. İmge noktalarının koordinat uzayı $\Omega = [1 \dots L]\, x\, [1 \dots M] \subset Z^2$ olarak, etiketler kümesi ise N şeklinde gösterilirse, her bir adım $E_t : \Omega \rightarrow N$ eşleştirilmesi olarak ifade edilir. Etiketleme sonucunda, aynı etikete sahip bağlı noktalar imge uç bölgelerini belirlemektedir. İmge uç bölgesine ait tüm komşu noktaların birbirine uzaklığı, söz konusu adım için hesaplanan bir eşik değerinden, $d_{thr}(t)$, daha düşük olması gerekmektedir. Renk uzayında imge noktaları uzaklığı ki-kare uzaklığı kullanılarak hesaplanır. Başlangıçta, E_0 etiket imgesinde tüm değerler 0 olarak etiketlenir. E_t etiket imgesinde $d_{thr}(t)$'dan daha düşük uzaklığa sahip tüm komşu noktaların yeni bölge olarak etiketlenir ve E_{t+1} etiket imgesi elde edilir [22].

İmge noktaları arasında uzaysal ilişki nedeniyle, tüm komşu noktaların birbirine olan uzaklıkları uniform dağılım göstermemektedir. Uzaklıkların büyük çoğunluğu küçük değerlere sahipken çok az sayıda büyük uzaklık değeri mevcuttur. Bundan dolayı her adımda eşik değeri doğrusal olarak arttırılarak başlangıçta çok hızlı sayıda etiket değişimi olurken adımların sonlarına doğru çok sayıda noktanın etiketleri değişir [22].

Her adımda eşit sayıda imge noktasının etiketini değiştirmek amacıyla; imgedeki tüm komşu noktalar arasındaki uzaklık değeri rastgele değişken olarak alınır ve eşik değerleri bu rastgele değişkenin kümülatif dağılım fonksiyonunun (KDF) düzenlileştirilmiş tersine göre değiştirilir [22]. Renkli imgeler için ki-kare KDF denklem 2.7'deki gibi hesaplanır.

$$c_3(x) = \sqrt{\frac{4x}{\lambda\pi}}e^{-3x/2\mu} + erf\left(\sqrt{3x/2\mu}\right) \quad (2.7)$$

Burada μ örnek kümesinin ortalamasını ifade etmektedir. Sonuç olarak, ortalama kestiriminden sonra eşik değerlerini bulmak denklem 2.8 kullanılır.

$$d_{thr}(t) = c^{-1}\left(\frac{t}{T}\right) \qquad t \in [0 \ldots T] \quad (2.8)$$

Adım sayısı $T = 200$ olarak alınır. Daha sonra, her adımda $d_{thr}(t)$ değeri arttırılarak tespit edilen uç bölgelerin alan değişimleri kontrol edilir ve maksimum durağan olanlar tespit edilir. Bunun yanında maksimum durağan uç bölgeler arasından alan büyüklüğü belirli bir değerden küçük olanlar elenir [22].

2.1.3 Köşe Bulma Yöntemleri

Nokta bulma ve eşleştirme işlemi, bilgisayarla görmenin pek çok alanı (nesne takibi, imge çakıştırma v.b.) için büyük önem taşır ve uzun yıllardır çeşitli köşe bulma yöntemleri geliştirilmiştir. Moravec [24] özilintiye dayalı bir nokta saptama yöntemi geliştirmiştir. Ana fikir, köşe noktası etrafında belirli bir komşuluk için her yöndeki hareketin kayda değer bir ışık yoğunluğu farkı yaratmasıdır. Förstner [25], 1986 yılında, 'özilinti matrisi' olarak bilinen, x ve y yönündeki imge türevlerinin çarpımlarından oluşan matrisi köşe bulmak için kullanmıştır. Harris ve Stephens [26], bu matrisin determinantını ve izini kullanarak farklı bir 'köşelik ölçüsü' önermiştir. Tomasi ve Kanade [27] oto korelasyon matrisinin özdeğerlerini direkt köşelik ölçüsü olarak almışlardır. Kitchen ve Rosenfeld [28] köşelik ölçüsünü yerel gradyan değeri ve kenar çizgisi boyunca gradyan yönündeki değişim değerinin çarpımı olarak belirlemiştir. Yakın zamanda, imge gradyanı tabanlı köşe bulma yöntemlerinin köşelik ölçülerini ve sonuçlarını karşılaştıran çalışmalar yapılmıştır [29, 30]. Farklı olarak, bölgeyi morfolojik açıdan inceleyerek köşe biçimli şekilleri yakalayan [31, 32] veya köşeleri parametrik modellerle ifade eden ve bu parametrelere uygunluğuna göre seçim yapan [33, 34] köşe bulma yöntemleri de kullanılmaktadır. Chabat ve diğerleri [35] köşe noktalarını belirli yönlerde isotropik olmayan parlaklık örüntüleri olarak tanımlamışlar ve köşelerin doğrultularını da saptamışlardır. Shen ve Wang [36] tarafından önerilen yöntemde köşe açısı ve doğrultusu hesaplanabilmektedir. Rosin'in önceden saptanmış olan köşelerin özelliklerini çıkaran yöntemi [37] parlaklık değerlerinin standart momentine dayanır ve köşe açısı, doğrultusu, kontrastı, köşe noktası yuvarlaklığı ve köşe sınırının eğriliğini kestirmek için kullanılmıştır. Vincent ve Laganiere [38] önplan/arka plan bölütlenmesine dayalı bir yöntem geliştirmişlerdir [39].

2.2 Yüksek Seviyeli Yöntemler

2.2.1 Bağımsız Öznitelik Çıkarma Yöntemleri

Problem alanı için mantıksal ya da algoritmik bir öznitelik çıkarım yöntemi bulunamadığı durumlarda Temel Bileşen Analizi (TBA), Bağımsız Bileşen Analizi (BBA), Doğrusal Ayırma Analizi (DAA) ve Dalgacık Dönüşümü gibi boyut indirgeme yöntemlerinden faydalanılabilir [3].

2.2.1.1 Temel Bileşen Analizi

Temel bileşen analizi (Principal Components Analysis - TBA), aralarında yüksek korelasyon bulunan çok değişkenli verileri, aralarında korelasyon bulunmayan yeni bir koordinat sistemine dönüştüren istatistiksel bir yöntemdir. Bu dönüşüm, farklı disiplinler tarafından çok değişkenli veri analizinde (multivariate analysis) kullanılmaktadır. Özellikle sinyal işleme uygulamalarında sıkça kullanılan bu yöntem, sayısal görüntülerin de sinyal olarak yorumlanabilmesi sayesinde, son zamanlarda görüntü işleme uygulamalarında da sıkça kullanılmaktadır [40].

Çok değişkenli veri analizi konusu, iki veya daha çok boyutlu rastgele değişkenleri bir bütün olarak ele alan ve değişkenler arasındaki ilişkileri göz önünde tutarak bütünsel bir sonuç üreten istatistiksel yöntemlerden oluşmaktadır. Bununla birlikte, çok değişkenli verilerin analizinde, bütüncül istatistiksel sonuçlar üretmenin ötesinde, çok değişkenli veri kümesinin yapısını tanımlamaya yönelik veri-çözümleme teknikleri de bulunmaktadır. TBA bu tekniklere örnek olarak gösterilebilir. TBA, bir gurup aralarında korelasyon bulunan değişkenlere doğrusal dönüşüm uygulayan bir veri-çözümleme tekniğidir. TBA dönüşümünden sonra değişkenler arasında korelasyon bulunmamaktadır [41].

TBA'nın temel prensibi; çoklu spektral vektör uzayında, verileri korelâsyonsuz olarak ifade edebilen başka bir deyişle yeni sistemde kovaryans matrisi köşegen olan, yeni bir koordinat sisteminin araştırılmasıdır [40].

TBA'nın daha iyi anlaşılabilmesi için, "özdeğerler" (eigenvalues) ve "özvektörler" (eigenvectors) kavramlarının açıklanmasında yarar bulunmaktadır.

$$(A - \lambda_i \cdot I) \cdot \vec{x}_i = 0\,, \quad I: Birim\ matris \tag{2.9}$$

A matrisi mxm boyutlu ve x vektörü $mx1$ boyutlu olmak üzere; (2.9) eşitliğini sağlayan sıfırdan farklı x vektörlerine, A matrisinin özvektörleri ve λ skalar değerlerine de A matrisinin özdeğerleri denir. $\vec{x}_i$ bilinmeyenler vektörü olarak ele alınırsa, (2.10) eşitliğinin homojen bir denklem sistemi olduğu görülecektir. Bu durumda x vektörleri sıfır olamayacağından, homojen denklem sistemlerinin sıfırdan farklı bir çözümünün bulunabilmesi için katsayılar matrisinin determinantı sıfır olmalıdır.

$$\det |A - \lambda_i \cdot I| = \vec{0} \tag{2.10}$$

(2.10) eşitliğine "karakteristik denklem" (characteristic equation) adı verilmektedir. Verilen A matrisinin özdeğerleri, (2.9) eşitliğinden elde edilen m dereceli polinomun kökleridir.

Özdeğerler bulunduktan sonra, (2.9) eşitliği kullanılarak özvektörler de bulunabilir. TBA çalışma yapısı aşağıdaki gibi özetlenebilir:

X, n adet d boyutlu x_i verisi içeren bir matris olsun [40],

$$X = [x_1, x_2, \ldots, x_n] \tag{2.11}$$

İlk olarak n adet verinin ortalama değeri ile $\vec{x}$ elde edilir, ortalama değerle her bir x_i verisinin farkı alınarak $\hat{X}$ fark matrisi elde edilir [40].

$$\hat{X} = [x_1 - \vec{x}, x_2 - \vec{x}, \ldots, x_n - \vec{x}] \tag{2.12}$$

Elde edilen fark matrisi kullanılarak C kovaryans matrisi elde edilir [40].

$$C = \frac{1}{n}\hat{X}\hat{X}^T \tag{2.13}$$

C kovaryans matrisinin $\Phi_{\hat{X}}$ özvektörleri ve $\lambda_{\hat{X}}$ özdeğerleri bulunur.

$$C\,\Phi_{\hat{X}} = \Phi_{\hat{X}}\,\lambda_{\hat{X}} \tag{2.14}$$

Bu işlem sonucunda elde edilen d adet d boyutlu özvektör ve köşegen matris biçiminde d adet özdeğer aşağıdaki gibidir [40].

$$\lambda_{\hat{X}} = \begin{bmatrix} \lambda_1 & \cdots & 0 \\ \vdots & \ddots & \vdots \\ 0 & \cdots & \lambda_d \end{bmatrix} \tag{2.15}$$

$$\Phi_{\hat{X}} = [\Phi_1, \Phi_2, \dots, \Phi_d] \tag{2.16}$$

m adet, yüksek özdeğere karşılık gelen özvektörler seçilerek dxm boyutlu W izdüşüm matrisi denklem 2.15'deki gibi elde edilir [40].

$$x'_i = W^T(x_n - \overline{x}) \tag{2.17}$$

Denklem 2.17 ifadesiyle d boyutlu x_i verisiyle daha düşük boyutlu x'_i elde edilir. Bu yöntemin dezavantajı, büyük boyutlu veriler için kovaryans matrisinin hesaplanması hesapsal maliyetlidir ve özdeğer ayrıştırması sadece kare matrislere uygulanabilir [40].

2.2.1.2 Bağımsız Bileşen Analizi (BBA)

Bağımsız Bileşen Analizi (Independent Component Analysis, BBA), normal dağılıma sahip olmayan çok değişkenli verilerin aralarındaki istatistiksel bağımlılığı en aza indirecek şekilde gösterimini sağlayarak içindeki saklı bileşenleri bulmaya çalışmaktadır. Bu bileşenler verinin içerisindeki önemli bazı özellikleri ifade etmektedir. BBA yöntemiyle sağlanan gösterim, veri sıkıştırma, örüntü tanıma gibi birçok alanlarda veri analizinde kullanılmaktadır. BBA temel olarak, denklem 2.18'deki gibi gösterilebilir [42, 44]:

$$x = As \tag{2.18}$$

Burada x gözlem verileri x_j'lerden oluşan gözlem vektörünü, s ise s_i olarak adlandırılan bağımsız bileşenlerden oluşan kaynak vektörünü; A da karıştırma matrisini ifade etmektedir. Amaç bilinmeyen A ve s değerlerinin gözlem vektörü x kullanılarak kestirilmesidir [42, 43]. Temel BBA modelinde kaynak ve bağımsız bileşen sayısı eşit olarak kabul edilir. Modeldeki varsayımlar kullanılarak; A matrisi kestirilir daha sonra da kaynaklar denklem 2.19'daki gibi hesaplanır [42]:

$$s = Wx \tag{2.19}$$

Burada W matrisi A matrisinin tersidir. Temel olarak imge modeli $a_{\rm l}(p,q)$ öznitelikleri veya temel fonksiyonları cinsinden ifade edilebilir:

$$I(p,q) = \sum_{i=1}^{n} a_i(p,q)\, s_i \tag{2.20}$$

Burada s_i'ler her imge için farklı olan katsayılardır. (2.20) numaralı ifade aşağıdaki şekilde düzenlenebilir [44]:

$$x = As \tag{2.21}$$

Bu ifade (2.18)'de verilen temel BBA modeli ile aynıdır. Öznitelikler veya temel fonksiyonlardan oluşan A matrisi yine kare olarak kabul edilmiştir [44].

2.2.1.3 Doğrusal Ayırma Analizi (Linear Discriminant Analysis, DAA)

Diskriminant analizi, değişkenleri doğrusal kombinasyon kümelerine ayırarak, grup içerisinde değerlerin birbirine yakın olmasını, gruplar arasında ise olabildiğince farklı olmasını amaçlar. Bu doğrusal kombinasyonlar diskriminant fonksiyonları aşağıdaki biçimde gösterilir [45]:

$$Y_{km} = a_0 + a_1 X_{1km} + a_2 X_{2km} + \ldots + a_p X_{pkm} \tag{2.22}$$

Burada, Y_{km} = k grubunda m örneği için diskriminant fonksiyonundaki değer, X_{ikm} = k grubunda m örneği için X_i diskriminant değişkenindeki değer, a_i fonksiyonda istenilen özellikleri sağlayan katsayılardır. Böyle bir fonksiyon bulunurken, gruplar arası varyansın grup içi varyansa göre en büyük hale getirilmesi gerekmektedir. Buna göre Denklem 2.22'deki diskriminant fonksiyonunda a katsayılar vektörünün $\frac{a^T B a}{a^T W a}$ ifadesini maksimize etmesi beklenir [46]. Burada B, pxp boyutlu gruplar arası varyans matrisi, W pxp boyutlu grup içi varyans matrisidir. $|W^{-1}B - \lambda I| = 0$ determinantının çözümünden bu matrisin özdeğerleri (λ) ve özvektörlerinin hesaplanmasıyla diskriminant fonksiyonu için gerekli ağırlıklar elde edilir. Benzer şekilde, varsa ikinci diskriminant fonksiyonu için özdeğerler ve özvektörler hesaplanır. İkinci diskriminant fonksiyonu için katsayılar, ilk diskriminant fonksiyonunun değerleriyle bağıntı kurulmadan sabitlenerek, gruplar arası farkları maksimize etmek için türetilmiştir. Bir başka deyişle tüm diskriminant fonksiyonları kendinden bir önceki fonksiyona ortogonaldır. Türetilebilecek maksimum fonksiyon sayısı grup sayısından bir eksiktir veya diskriminant değişkenlerinin sayısına eşittir [45].

Diskriminant analizinin uygulanabilmesi için, bütün gruplar için kovaryans matrislerinin eşit olması, değişkenlerin çoklu normal dağılıma sahip olmaları ve bağımsız değişkenler arasında çoklu doğrusal bağlantı probleminin olmaması gerekmektedir. Diskriminant fonksiyonunun istatistiksel uygunluğu için en yaygın test geri kalan ayrıma dayanır. Eğer nihai ayırma çok küçükse daha fazla fonksiyon türetmeye gerek yoktur. Bu kararı vermek için en eski ve en sık kullanılan yöntem denklem 2.23 ile tanımlanmış olan Wilks'in lamdasıdır (Λ) [47]:

$$\Lambda = \prod_{i=k+1}^{q} \frac{1}{1+\lambda_i} \tag{2.23}$$

Burada, λ_i özdeğeri, k türetilen fonksiyon sayısını göstermektedir. Örneğin; $\Lambda = 1.0$ ayırma olmadığını ve grup merkezlerinin aynı, $\Lambda = 0$ en büyük ayırmanın olduğu ve grup merkezlerinin birbirinden uzak olduğunu göstermektedir [45].

2.2.1.4 Dalgacık Dönüşümü (Wavelet Transform)

Dalgacık dönüşümü Fourier dönüşümünün durağan olmayan sinyallerdeki eksiklerini gidermek için geliştirilmiş dönüşüm yöntemidir [48, 49]. Bu yöntem, gürültüye karşı daha az hassasiyet göstermekte ve durağan olmayan sinyallere rahatlıkla uygulanabilmektedir. Bundan dolayı sinyal işleme uygulamalarında frekans tabanlı Fourier dönüşümünün yerini ölçek tabanlı dalgacık dönüşümü almıştır [50].

Şekil 2.5 Dalgacık dönüşümü

Dalgacık dönüşümü bu işlem için "ana dalgacık" adı verilen sınırlı süreli, düzensiz ve asitmetrik sinyal parçalarının, ölçeklenmiş ve kaydırılmış hallerini kullanmaktadır. Sinyallerdeki kısa süreli ve keskin değişiklikler, bu dönüşümle daha iyi analiz edilebilmektedir. Başka bir ifadeyle, dalgacık dönüşümü daha iyi zaman - frekans lokalizasyonu sağlamaktadır. Dalgacık dönüşümünde yaygın olarak kullanılan ana dalgacık türleri Haar, Daubechies, Coiflet, Symlet, Morlet ve Meyer'dir [51].

Matematiksel olarak,

$$F(\omega) = \int_{-\infty}^{\infty} f(t)\, e^{-j\omega t}\, dt \qquad (2.24)$$

şeklinde ifade edilen Fourier dönüşümü [52], $f(t)$ sinyalinin tüm zaman süresince karmaşık üstel bir çarpanla çarpımlarının toplamına karşılık gelmektedir. Karmaşık üst, gerçek ve sanal sinüs biçimli bileşenlere ayrılabilir.

Dalgacık dönüşümü ise,

$$C(a,b) = \frac{1}{\sqrt{a}} \int_{-\infty}^{\infty} x(t)\ \psi(\frac{t-b}{a})\, dt \qquad (2.25)$$

şeklindedir. Burada, $\psi(t)$ ana dalgacığı, a ölçek faktörünü, b ise kayma faktörünü ifade etmektedir.

Standart dalgacık dönüşümü ile bir sinyal, düşük ve yüksek frekans bileşenlerini içeren altbantlarına alçak geçiren ve yüksek geçiren filtreler kullanılarak ayrılır. Daha sonra, sinyalin yaklaşım bileşeni aynı işlem ile tekrar altbantlarına ayrılır ve bu işleme, istenen çözünürlüğe ulaşıncaya kadar devam edilir [50].

Dalgacık paket analizi ile bir sinyalin tam altbant ayrışımı elde etmek için o sinyalin yaklaşım kısmının yanında detay kısmına da dönüşüm uygulanır. Bu işlem,düşük frekans bileşenlerinin yanında yüksek frekans bileşenlerinin de önemli bilgiler taşıdığı sinyal türlerinin analizinde oldukça önemli iyi sonuçlar vermektedir. İki dönüşüm tipi işlem karmaşıklığı açısından incelendiğinde ise $O(n)$ karmaşıklığa sahip dalgacık dönüşümü, $O(n\ logn)$ karmaşıklıklı Fourier dönüşümüne göre daha iyi olduğu görülmektedir [50].

2.2.2 Gradyan Tabanlı Yöntemler

2.2.2.1 Yönlü Gradyan Histogramı (HOG, Histograms of Oriented Gradients)

Son yıllarda imgedeki piksellerin yönelim (θ) ve büyüklük (m) değerlerinin karakteristiği olarak da adlandırılabilecek olan HOG yönteminin kullanımı birçok alanda oldukça ilgi görmektedir. Nesne ve örüntü tanıma için yaygın olarak kullanılmaya başlanan HOG (Histograms of oriented gradients), farklı koşullar altında yüksek basarım sağlamaktadır. HOG kullanımı ilk defa Shashua [53] ve Dalal [54] tarafından önerilmiştir. Bir çok araştırmacı tarafından oldukça ilgi gören HOG yöntemindeki temel amaç, imgeyi bir grup lokal histogramlar olarak tanımlamaktır. Bu histogramlar, imgenin lokal bir bölgesindeki gradyanların yönelimlerinin sayısını içermektedir [55, 56]. HOG betimleyicilerin gerçeklenmesindeki işlem basamakları Şekil 2.5'deki gibi sıralanabilir:

- RGB imge gri seviyeli imgeye dönüştürülür ve gri seviyeli imgenin yatay ve dikey gradyan değerleri elde edilir.
- Yatay ve dikey gradyan değerleri kullanılarak Gradyan yönelimi (θ) ve Gradyan büyüklüğü (m) değerleri elde edilir.
- Gradyan yönelimleri imgesi $[mxn]$ boyutunda hücrelere bölünür ve her bir hücre içerisindeki gradyan yönelimleri 45'şer derecelik 8 farklı durumla etiketlenir.
- Belirlenen her bir blok için gradyan büyüklüğü ve gradyan yönelimleri kullanılarak lokal histogramlar oluşturulur.
- Oluşturulan lokal histogramlar normalize edilir.

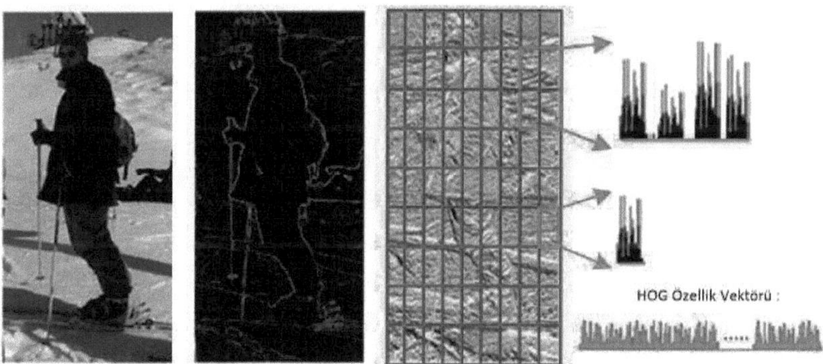

Şekil 2.6 HOG genel yapısı

Gradyan Hesaplama

İmge gradyanı şu şekilde hesaplanır: Renkli seviye orijinal imge gri seviyeye indirgenir. Gri seviyeli imgenin türev maskeleri kullanılarak yatay gradyanı f_x ve dikey gradyanı f_y hesaplanır (Bkz. Şekil 2.6). Daha karmaşık bir maske kullanımı sistem performansını düşürdüğünden basit türev maskesi kullanılır. İmge gradyanı denklem 2.26'deki gibi hesaplanmaktadır [54].

$$f_x(x,y) = I(x+1,y) - I(x-1,y) \quad \forall x,y \tag{2.26}$$

$$f_y(x,y) = I(x,y+1) - I(x,y-1) \quad \forall x,y \tag{2.27}$$

Şekil 2.7 Verilen imgenin gradyanının elde edilmesi

f_x ve f_y sırasıyla imge gradyanının x ve y bileşenlerini göstermektedir. $I(x,y)$ ise (x,y) noktasındaki piksel yoğunluğunu göstermektedir. Gradyan büyüklüğü (m) ve gradyan yönelimleri (θ) denklem 2.28 ve 2.29'daki gibi hesaplanmaktadır (Bkz. Şekil 2.7).

$$m(x,y) = \sqrt{f_x(x,y)^2 + f_y(x,y)^2} \tag{2.28}$$

$$\theta(x,y) = tan^{-1}\left(\frac{f_y(x,y)}{f_x(x,y)}\right) \tag{2.29}$$

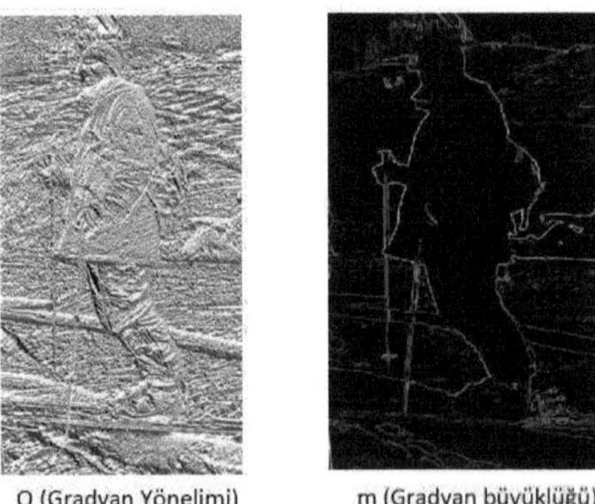

Şekil 2.8 Verilen imgenin gradyan yönelim ve gradyan büyüklükleri

Uygulamada arzu edilen işaretsiz yön olduğundan 0'dan küçük olan gradyan yönelimleri 180 ile toplanır. Buna göre elde edilen yeni imgenin işaretsiz gradyan yönelimleri denklem 2.30'deki gibi hesaplanır [53].

$$\tilde{\theta}(x,y) = \begin{cases} \theta(x,y) + \pi & eğer\ \theta < (x,y) < 0 \\ \theta(x,y) & değilse \end{cases} \tag{2.30}$$

Bir sonraki adımda ise imge [36x36] piksel boyutundaki hücrelere bölünür ve her bir hücre içindeki gradyan büyüklüğü ve yönelim açıları kullanılarak histogram seleleme işlemi gerçeklenir (Bkz. Şekil 2.8). Histogram seleleri 0°-180° aralığına eşit bölünerek oluşturulur. Pencere içindeki her bir piksel, gradyan büyüklüğü oranında ait olduğu histogram selesine katkıda bulunur [72, 76, 77]. Şekil 2.9'da her blok için elde edilen histogramlar görülmektedir.

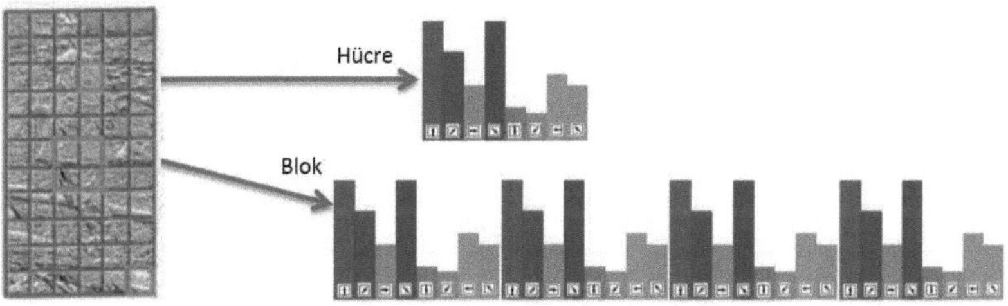

Şekil 2.9 Hücre ve blok için elde edilen histogramlar

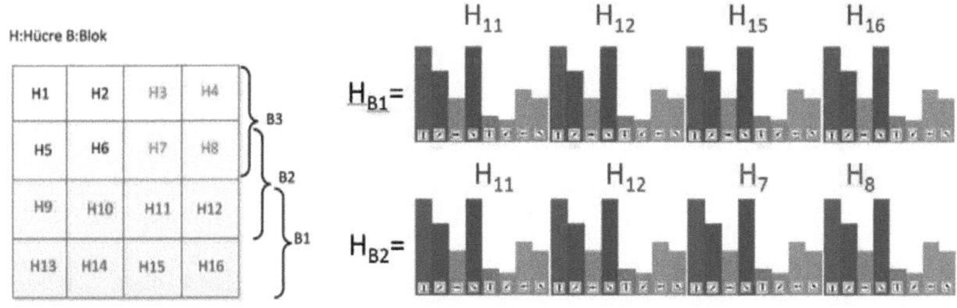

Şekil 2.10 B1 ve B2 için elde edilen histogramlar

Blok Normalizasyonu

Blok normalizasyonu çıkarılan her hücre ve daha büyük bloklar $[nxm]$ için yönelim histogramını ifade etmektedir. Her hücrenin k tane yönelimi olduğundan her blok için $[nxmxk]$ boyutunda özellik vektörü elde edilir. v normalize edilmemiş f ise normalize edilmiş özellik vektörünün histogramını ifade etmektedir. Özellik vektörü aşağıdaki gibi L2-norm yöntemiyle normalize edilmektedir [57- 60].

$$f = \frac{v}{\sqrt{\|v\|_2^2+\varepsilon}} \quad (\varepsilon = 1) \tag{2.31}$$

ε, sıfıra bölünmeye karşı kullanılan çok küçük bir normalize sabitidir.

HOG yönteminin avantaj ve dezavantajları aşağıdaki gibi sıralanabilir.

Avantajları

- İşlem maliyetinin düşük olmasından dolayı gerçek zamanlı uygulamalar için kullanımı uygundur.

Dezavantajları

- Renkli görüntülerde çalışmaması.
- Nesnenin şekil ve doku bilgisini dikkate almaması.
- Üst üste gelme durumundan dolayı gereksiz bilgi tekrarının olması.

2.2.2.2 CoHOG (Co-Occurence Histograms of Oriented Gradients)

Nesne sınıflandırma problemi için şimdiye kadar birçok öznitelik vektörü önerilmiştir. HOG ve SIFT gibi gradyan yönelimi tabanlı özellik tanımlayıcıları son zamanlarda oldukça popüler hale gelmiştir. Bu özellik tanımlayıcıları aynı zamanda birçok nesne tanıma probleminde kullanılmıştır. Ancak, HOG yöntemi tekli gradyan yönelimleri şeklinde ifade ettiğinden verilen imgenin dokusunu istenildiği gibi ifade edememektedir (Bkz Şekil 2.10). Bundan dolayı HOG yönteminin türevi olarak gradyan yönelimleri arasındaki uzaysal ilişkiyi ifade eden CoHOG (Co-Occurence Histograms of Oriented Gradients) özellik vektörü önerilmiştir. Çoklu gradyan yönelimi tabanlı bir öznitelik vektörü olan CoHOG, imgeyi gradyan çiftleri olarak ifade etmektedir. Bu sebeple CoHOG öznitelik vektörü nesnenin şeklini HOG'dan daha detaylı olarak ifade edebilmektedir [61].

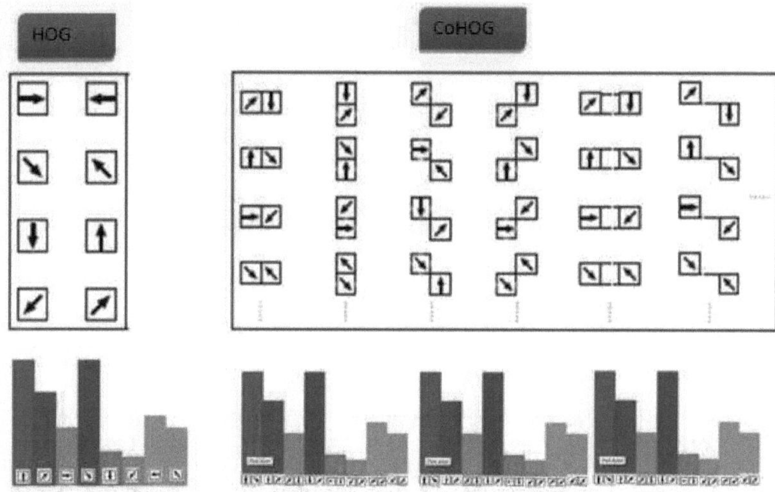

Şekil 2.11 HOG ve CoHOG için gradyan yönelimleri

CoHOG öznitelik betimleyicilerin gerçeklenmesindeki işlem basamakları şu şekilde sıralanabilir:

- RGB imge gri seviyeli imgeye dönüştürülür ve gri seviyeli imgenin yatay ve dikey gradyan değerleri elde edilir (Bkz. Şekil 2.11).
- Yatay ve dikey gradyan değerleri kullanılarak Gradyan yönelimi (θ) değerleri elde edilir.
- Gradyan yönelimleri imgesi $[mxn]$ bölgesel olarak etiketlenir (orientation bin sayısına bağlı olarak)
- Bölünen her alan için ofset sayısı kadar eş oluşum (Co-occurence) matrisi elde edilir.

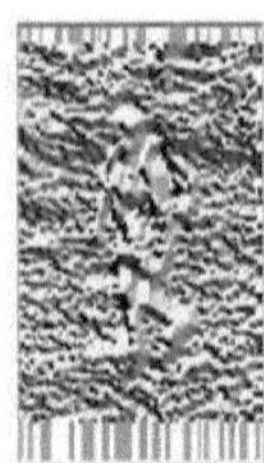

I (RGB Imge) I (RGB Imge gri seviyeli imgeye Dönüştürülür) Gx (X eksenindeki türevi) Gy (Y eksenindeki türevi) O (Gradyan Yönelimleri)

Şekil 2.12 Verilen imgenin gradyan yönelimlerinin elde edilmesi

CoHOG özellik vektörü hesaplanırken öncelikle imgenin gradyan yönelimleri hesaplanır. Daha sonra verilen bu gradyan yönelimleri üzerinden eş oluşum matrisi hesaplanır. Eş oluşum matrisi imge üzerindeki belirli bir ofsette gradyan yönelimlerinin dağılımını ifade etmektedir. Gradyan yönelimlerinin komşuluk kombinasyonları nesnenin şeklini ayrıntılı olarak ifade etmektedir. Bu olay nesne sınıflandırma problemi için oldukça önemlidir. Matematiksel olarak mxn boyutundaki imge ve (x, y) ofset değeri için eş oluşum matrisi denklem 2.32'deki gibi tanımlanmaktadır [61].

$$C_{x,y}(i,j) = \sum_{p=1}^{n} \sum_{q=1}^{m} \begin{cases} 1, & eğer\ I(p,q) = i\ ve\ I(p+x, q+y) = j \\ 0, & değilse \end{cases} \tag{2.32}$$

I gradyan yönelim imgesini, i ve j ise gradyan yönelimlerini ifade etmektedir. CoHOG yöntemi gradyan tabanlı histogram betimleyicileri olduğundan dolayı ışık değişimi, deformasyon gibi durumlara karşı HOG yönteminde olduğu gibi duyarlıdır.. İmgenin gradyan yönelimleri denklem 2.33'deki gibi hesaplanır.

$$\theta = tan^{-1}\frac{v}{h} \tag{2.33}$$

Burada, v ve h sırasıyla Roberts, Sobel, vb filtreler kullanılarak hesaplanan yatay ve düşey gradyanları göstermektedir. Sonrasında her piksel 0-360 derece arasında 45 derecelik açılarla ayrılan 8 farklı yönelimden biriyle etiketlenir. denklem 2.32'de olduğu gibi eş oluşum matrisi hesaplanır.

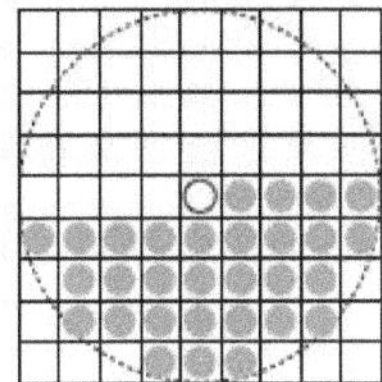

Şekil 2.13 Kullanılan ofset değerleri

Kullanılan ofset değerleri Şekil 2.12'de gösterilmiştir. Yakın ve uzak mesafeli ofset kullanımı nesnenin ayrıntılı şeklini ifade etmekte etkilidir. Şekilde görüldüğü gibi ofsetlerin yarısı kullanılmamıştır. Çünkü diğer yarısı da eş oluşum matrisinin hesaplanmasında aynı sonucu vermektedir. Eş oluşum matrisi her bir bölgede her bir bölgede verilen ofset değerleri için hesaplanmaktadır. Verilen imge mxn boyutunda dikdörtgensel bölgelere ayrılır ve en son her bir bölge için elde edilen ofset sayısı kadar eş oluşum matrisleri tek bir vektör haline getirilir (Bkz. Şekil 2.13).

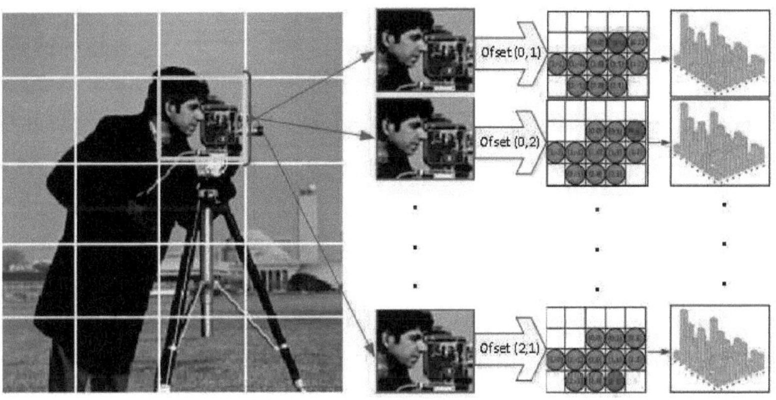

Şekil 2.14 CoHOG genel yapısı

CoHOG nesnenin şeklini ayrıntılı biçimde ifade ettiğinden yüksek boyutlu bir betimleyicidir. İmgeyi 3x6'lık bölgelere ayırıp, ofset sayısı 30 ve gradyan yönelimlerinin sekize etiketlendiğini düşünürsek CoHOG özellik vektörünün boyutu 8x8x30x3x6 boyutundan betimleyici elde edilir [61].

CoHOG yönteminin avantaj ve dezavantajları aşağıdaki gibi sıralanabilir.

Avantajları

- CoHOG yöntemi kullanılarak elde edilen özellik vektörleri,
  - ❑ Gradyan yönelimleri lokal bölgelerde ışık değişimine bağlı olarak değişmemektedir.
  - ❑ Histogram değerleri nesnenin şekil yapısındaki hafif kaymalar ve bozulmalarda pek fazla değişikliğe uğramamaktadır.
- CoHOG yöntemi imgeyi gradyan çiftleri şeklinde ifade ettiğinden imgenin karakteristiğini ve doku bilgisini daha iyi ifade etmektedir.

Dezavantajları

- Nesnenin renk ve şekil bilgisini kaybedip sadece doku özelliklerini kodluyor olması.
- İmge karakteristiğini daha iyi ifade ettiğinden özellik vektörü boyutu yüksektir.

2.2.2.3 Color CoHOG (Color Co-Occurence Histograms of Oriented Gradients)

Önceki bölümlerde bahsedilen HOG ve CoHOG öznitelik vektörlerinin hesaplanmasında giriş imgesi olarak gri seviyeli imge kullanmaktadır. Ancak, renkli imgenin gri seviyeli imgeye dönüştürülmesi sırasında bilgi kaybı yaşanmaktadır. Color-CoHOG öznitelik vektörü, CoHOG'un geliştirilmiş hali olarak imgenin renk bilgisini de dikkate almakta ve öznitelik vektörünü hesaplamaktadır. Bu yöntemde renk bilgisinin hesaba katılması iki aşamada meydana gelmektedir. Öncelikle renkli imgedeki kenar yönelimleri hesaplanmaktır. Sonrasında önplanla arka plan arasındaki ayrımı dikkate almak için renk eşleşmesinin sonuçları kullanılır [62]. Color-CoHOG betimleyicilerin gerçeklenmesindeki işlem basamakları şu şekilde sıralanabilir:

- ❑ Verilen renkli imge Kırmızı, Yeşil, Mavi (Red, Green, Blue) kanallarına ayrılır (Bkz Şekil 2.14).
- ❑ Her bir renk kanalı için yatay ve dikey gradyan değerleri hesaplanır (Bkz Şekil 2.15).
- ❑ Her bir renk kanalı için gradyan yönelimleri hesaplanır (Bkz Şekil 2.16).

- Ortalama gradyan yönelimleri Çift Açı Sunumu (double angle representation) kullanılarak elde edilir ve elde edilen gradyan yönelimleri 4 farklı açı aralığına etiketlenir.
- RGB imge 17 farklı renk aralığına etiketlenerek renk etiket matrisi elde edilir.
- Her bir ofset değeri için aynı renk olanlar ve olmayanlar olmak üzere 2 farklı eş oluşum matrisi elde edilir.

Şekil 2.15 Verilen imgenin Kırmızı Yeşil ve Mavi Bileşenlerinin elde edilmesi

Renkli imgede kenar yönelimlerinin belirlenmesi önemli bir problemdir [62]. Bu problemle ilgili birçok çalışma yapılmıştır [63-65]. Bu yöntemde uygun hesapsal maliyeti ve tutarlı sonuçlarında dolayı çift açı sunumu yöntemi kullanılmıştır [66].

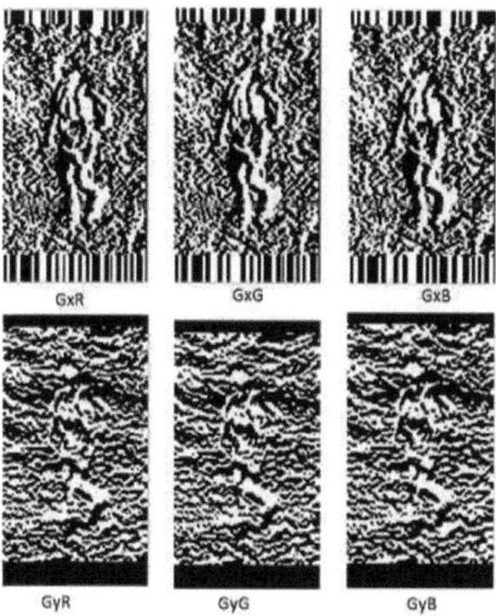

Şekil 2.16 Her bir renk kanalına ait yatay ve dikey gradyan değerleri

Çift açı sunumu yönteminde $[\theta - \theta + 180]$ gradyan yönelimleri aynı ve $[\theta - \theta + 90]$ gradyan yönelimleri ise karşıt yönler olarak etiketlendirilmiştir. Bu sayede farklı renk kanallarındaki gradyan yönelimlerin ortalamasının alınması uygun olmaktadır. Bu işlem sonucu olarak $0 - 180$ derece arasındaki gradyan yönelimlerini elde edilir. Böylece θ ve $\theta + 180$ gradyan yönelimleri arasında fark bulunmamaktadır. Bu yöntem kullanılarak RGB renk kanallarının gradyan yönelimlerinin ortalaması alınır ve ortalama gradyan yönelimleri eşit olarak 4 farklı duruma etiketlenir.

Şekil 2.17 Ortalama gradyan yönelimlerinin elde edilmesi

Önplan arka plan ayrımı nesnenin şeklinin belirlenmesinde önemlidir. Ortalama gradyan yönelimleri hesaplandıktan sonra, verilen bir ofsetteki piksel çiftlerinin renk eşleşmesi sonuçları kullanılır. Farklı objelere ait piksel çiftlerinin aynı renk olma ihtimalleri azalan yöndeyken, aynı objeye ait piksel çiftlerinin aynı renk olma ihtimali muhtemeldir.

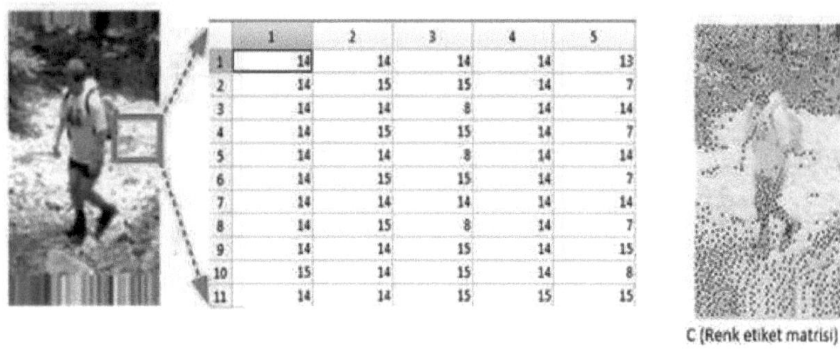

Şekil 2.18 Renk etiket matrisinin elde edilmesi

Her bir ofset için aynı renk olan ve olmayanlar olmak üzere 2 farklı eş oluşum matrisi hesaplanır (Bkz Şekil 2.18). Hesapsal kolaylık için Cb-Cr uzayı 17'e kuantize edilir (Bkz Şekil 2.17). Renk etiketleri karşılaştırılır.

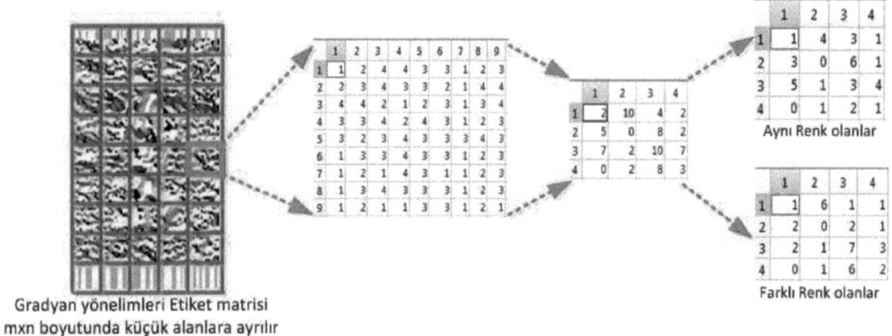

Şekil 2.19 Her bir ofset için 2 farklı eş-oluşum matrisi elde edilmesi

Color-CoHOG yönteminin öznitelik vektör boyutu $2 \, x \, m \, x \, n \, x \, d^2$ dir. d etiketlenen açı aralığı sayısını, m resmin kaç bölgeye ayrıldığını, n ise ofset sayısını göstermektedir. CoHOG sadece doku bilgisini dikkate alırken color-CoHOG, önplan arka plan ayrımı yaptığından, imgenin hem doku hem şekil bilgisini dikkate almaktadır.

Color-CoHOG yönteminin avantaj ve dezavantajları aşağıdaki gibi sıralanabilir.

Avantajları

- Color CoHOG yöntemi CoHOG yönteminden farklı olarak doku bilgisinin yanında renk ve şekil bilgisini de dikkate almaktadır.

Dezavantajları

- Renk bilgisini de dikkate aldığından hesapsal maliyeti fazla ve özellik vektörü boyutu yüksektir.
- Vektör boyutunun yüksek oluşu ve hesapsal maliyetinin yüksek oluşu sebebiyle gerçek zamanlı uygulamalar için uygun değildir.

2.2.2.4 CoHED (Co-occurence Histograms of pairs of Edge orientations and color Differences)

CoHED öznitelik vektörü imgenin kenar yönelimleri ile kenardaki renk değişimi arasındaki ilişkiyi ifade etmektedir.

CoHED betimleyicilerin gerçeklenmesindeki işlem basamakları şu şekilde sıralanabilir:

- Verilen renkli imge Kırmızı, Yeşil, Mavi (Red, Green, Blue) kanallarına ayrılır (Bkz Şekil 2.19).
- Her bir renk kanalı için yatay ve dikey gradyan değerleri hesaplanır (Bkz Şekil 2.20).
- Her bir renk kanalı için gradyan yönelimleri hesaplanır.
- Ortalama gradyan yönelimleri "çift açı sunumu" yöntemi kullanılarak elde edilir ve elde edilen gradyan yönelimleri 4 farklı açı aralığına etiketlenir.
- RGB imge $YCbCr$ renk uzayına dönüştürülür ve Y, Cb, Cr kanallarına ayrılır (Bkz Şekil 2.23).
- Her bir renk kanalında verilen ofset değerleri için renk farklılıkları matrisi elde edilir (Bkz Şekil 2.24).
- Her bir renk uzayı (YCb, YCr, $CbCr$) için renk farklılıkları 8 farklı aralığa etiketlenir.
- Her bir renk uzayı (YCb, YCr, $CbCr$) için renk farklılıkları matrisi kullanılarak CoHED betimleyicileri elde edilir.

Öncelikle verilen renkli imge Kırmızı, Yeşil, Mavi kanallarına ayrılır ve ortalama gradyan yönelimleri Color-CoHOG yönteminde bahsedildiği gibi çift açı sunumu yöntemi ile hesaplanır (Bkz. Şekil 2.22).

Şekil 2.20 Verilen imgenin Kırmızı Yeşil ve Mavi bileşenlerinin elde edilmesi

Sonrasında p_0 noktasındaki kenar yönelimleri belirlenir ve p_0 noktasının karşılıklı 2 noktasındaki p_1 ve p_2 noktaları belirlenen uzaklık değerine göre yerleştirilir. $YCbCr$ uzayında p_1 ve p_2 noktaları arasındaki renk farklılıkları hesaplanır [62].

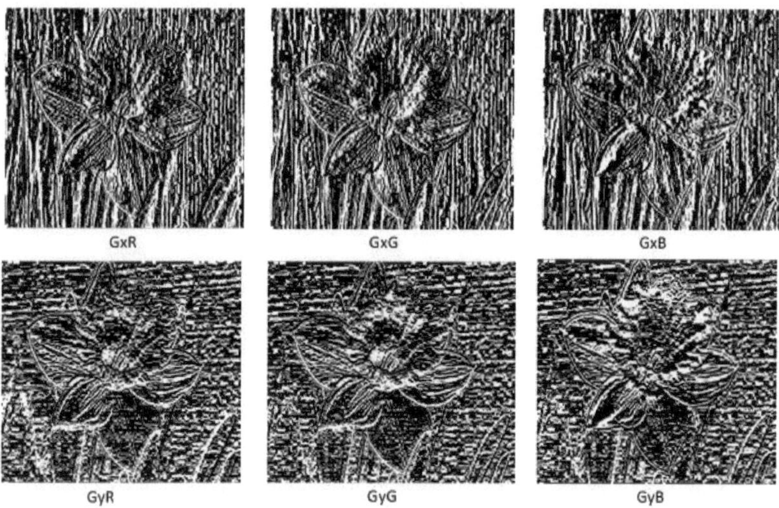

Şekil 2.21 Her bir renk kanalına ait yatay ve dikey gradyan değerleri

Bu adımdan sonra hesaplanan renk farklılıkları her bir renk uzayı için (YCb, YCr, $CbCr$) 8 farklı duruma kuantize edilir (Bkz Şekil 2.25).

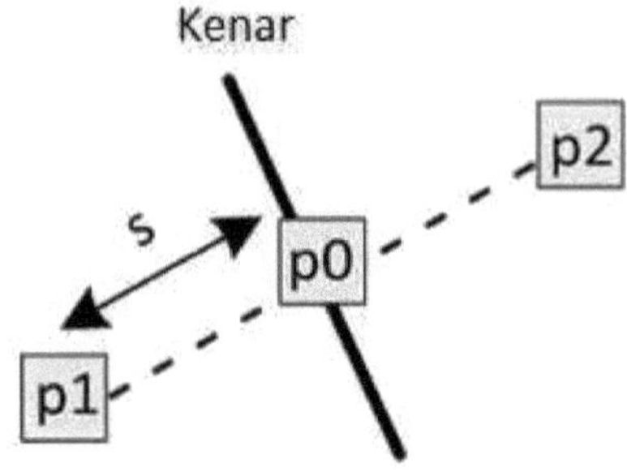

Şekil 2.22 p_0, p_1 *and* p_2 noktalarının konumları

$Y - Cb$ renk uzayı için eş oluşum histogramları denklem 2.34'deki gibi hesaplanır [62].

$$H_{Y-Cb}(g, c) \leftarrow H_{Y-Cb}(g, c) + |dy| + |du| \quad (2.34)$$

g, p_0 noktasındaki gradyan yönelimlerini, c quantanize edilmiş renk farklılığını, dy ve du ise sırasıyla p_1 ve p_2 arasındaki Y ve Cb uzayındaki renk farklılığını ifade etmektedir (Bkz Şekil 2.21).

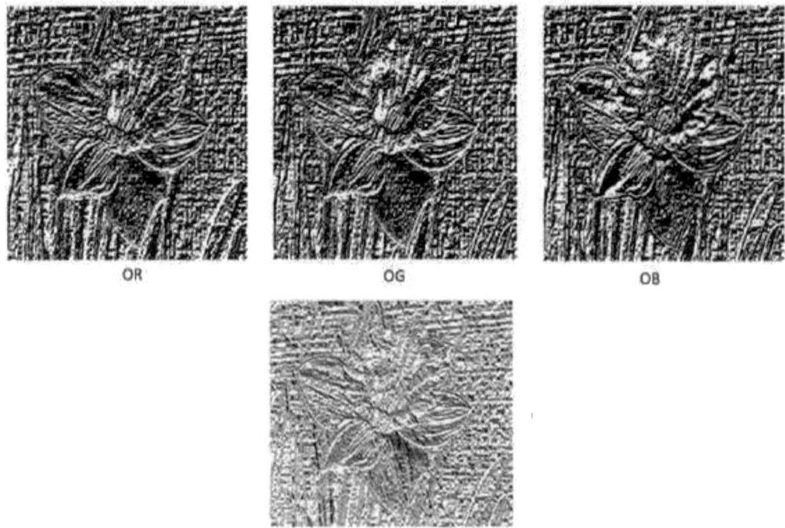

Şekil 2.23 Ortalama gradyan yönelimlerinin elde edilmesi

Şekil 2.24 RGB imgenin Y, Cb, Cr kanallarının elde edilmesi

CoHED ağırlıklı oylama ile hesaplanmaktadır. Diğer yöntemler ağırlıksız oylama ile hesaplanmaktadır. Ağırlıklandırma ile güçlü kenarlar zayıf kenarlara oranla daha geniş olur. CoHED dokudan çok şekil yapısıyla ilgilenmektedir. Bu çalışmada p_0 ile $p_1(p_2)$ arasındaki uzaklık olarak 1,3,6,9 değerleri kullanılmıştır [62].

Şekil 2.25 Verilen ofset değeri için renk farklılıkları matrisinin elde edilmesi

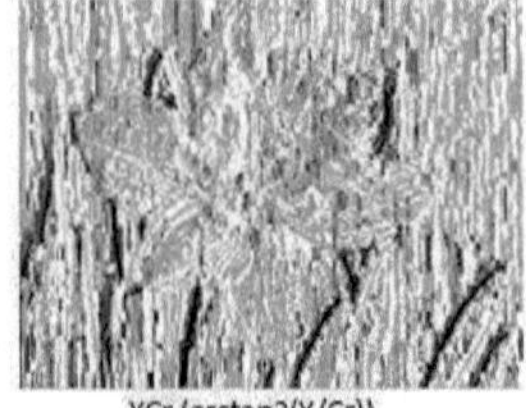

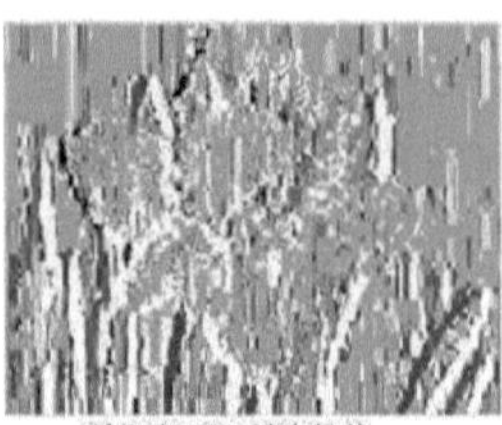

Şekil 2.26 Her bir renk uzayı için etiketlenen gradyan yönelimleri

CoHED öznitelik vektörünün boyutu $d\ x\ cp\ x\ cd\ x\ s$ şekindedir. d etiketlenen açı aralığı sayısını, cp imgenin renk uzayı sayısını, cd renk farklılığının kaç farklı aralığa etiketlendiğini, n ise ofset sayısını göstermektedir.

CoHED yönteminin avantaj ve dezavantajları aşağıdaki gibi sıralanabilir.

Avantajları

- CoHED yöntemi ağırlıklı oylama ile işlem yaptığından, doku bilgisinden çok şekil bilgisini dikkate almaktadır.
- Özellik vektörü boyutu çok yüksek olmadığından gerçek zamanlı uygulamalarda kullanımı uygundur.
- Elde edilecek özellik vektörü boyutu imge boyutundan bağımsızdır.

Dezavantajları

- Beyaz gürültülü veya fazla ışıklı ortamlarda istenilen sonucu vermemektedir.

2.2.2.5 CoHD (Co-Occurrence Histograms of Color Differences)

CoHD (Co-occurences Histograms of color differences) imge içerisinde verilen bir çizgi üzerindeki üç pikselde meydana gelen renk değerindeki değişimi ifade etmektedir. CoHD yöntemi de CoHOG gibi sadece doku bilgisini dikkate almaktadır.

CoHD betimleyicilerin gerçeklenmesindeki işlem basamakları şu şekilde sıralanabilir:

- RGB imge $YCbCr$ renk uzayına dönüştürülür. $YCbCr$ uzayındaki imge Y, Cb, Cr kanallarına ayrılır (Bkz Şekil 2.26).
- p_0 ile p_1 (p_2) arasındaki renk farklılıkları hesaplanır.

❑ CbCr renk uzayındaki renk farklılıkları 4 aralığa etiketlenir.

❑ Her bir ofset değeri için renk farklılıklarına göre eş oluşum histogramları elde edilir.

Color-CoHOG şekil ve doku bilgisi, CoHED ise şekil bilgisini dikkate aldığından CoHOG ve CoHED'e tamamlayıcı olarak doku bilgisini ifade eden öznitelik olması beklenir. Bu düşünceyle CoHD, CoHOG gibi doku bilgisini dikkate almaktadır.

Şekil 2.27 RGB imgenin YCbCr uzayına dönüştürülüp Y, Cb, Cr kanallarının elde edilmesi

CoHD bir doğru üzerindeki 3 piksel üzerindeki renk değişimini ifade etmektedir. Ortadaki piksel ile diğer iki piksel arasında renk farklılıkları hesaplanmaktadır.

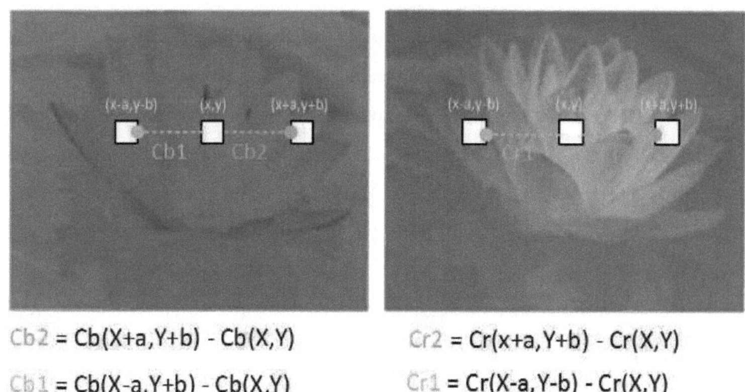

Şekil 2.28 p_0 ile $p_1(p_2)$ arasındaki renk farklılıklarının hesaplanması

Cb-Cr uzayındaki renk farklılıkları 4 yöne bölünmüştür (Bkz. Şekil 2.27). Renk farlılıklarını hesaplamak için 8 ofset değeri kullanılmıştır. CoHD öznitelik vektörü $n \; x \; m^2$ boyutundadır. m etiketlenen renk farklılığı sayısını, n kullanılan ofset sayısını ifade etmektedir [62].

CoHD yönteminin avantaj ve dezavantajları aşağıdaki gibi sıralanabilir.

Avantajları

- Özellik vektörü boyutu çok yüksek olmadığından gerçek zamanlı uygulamalarda kullanımı uygundur.
- Elde edilecek özellik vektörü boyutu imge boyutundan bağımsızdır.
- Gürültü ve Işık değişimine karşı oldukça dayanıklıdır.

Dezavantajları

- CoHOG betimleyicileri gibi sadece doku bilgisini dikkate almaktadır.
- Gradyan büyüklüğünün sadece 2 şekilde (0 veya 1) etiketlemesi.

2.2.3 Şekil Tabanlı Yöntemler

2.2.3.1 Hough Dönüşümü

Hough dönüşümü, sayısal görüntülerdeki doğruların ve diğer şekillerin tespiti işlemi için sıkça kullanılan bir görüntü analiz yöntemidir. Temel olarak siyah beyaz görüntülerdeki düzgün doğruları tespit etmek için geliştirilmiştir. Bunun yanı sıra, doğrusal olmayan düzensiz eğrilerin tespitinde de kullanılmaktadır [67].

Görüntüden yakalanabilecek olan şekiller arasında, düzgün doğrular, eğriler, çemberler ve elipslere ek olarak doğrusal olmayan keyfi dağılımlı düzensiz şekiller de yer almaktadır. Elbette bunların hepsi için ayrı parametreler ve denklemler geliştirilmiştir. Hough dönüşümü yöntemiyle, bir sayısal görüntüden doğruları yakalamak istediğinizde, görüntünün içindeki doğrusal olmayan daire ve eğri gibi şekiller, dönüşüm sonucu oluşacak yeni görüntüde bulunmayacaktır. Çıktı görüntüsünde sadece düzgün doğrulara yer verilecektir [67]. Hough dönüşümü resim üzerinde sıfırdan farklı değerler alan her bir (x, y) koordinat çifti için;

$$y_i = a.x_i + b \qquad (2.35)$$

doğru denklemi ile ifade edilen eğim (a) ve doğrunun y eksenini kestiği noktanın (b), hesaplanmasını sağlar. Hough dönüşümü ile önerilen bu yöntemde bu işlem, (2.35) denkleminin;

$$b = -a.x_i + y_i \tag{2.36}$$

şeklinde yeniden yapılandırılmasıyla gerçekleştirilmektedir. Öncelikle (a, b) katsayılarının en küçük ve en büyük değerleri belirlenir, belirlenen aralıktaki her bir olası (a, b) noktası için bir toplama kümesi oluşturulur. bmin'den bmax'a kadar her olası b değerine karşılık gelen a değerleri (2.36) denklemi kullanılarak hesaplanır, her bir hesap için ilgili toplama hücresinin değeri bir arttırılır. Bu işlem bittiğinde toplama hücrelerinden yüksek değerli olanlar incelenir, bunlardan aralarındaki boşlukların yüksek olduğu (a, b) noktaları atıldıktan sonra geriye kalanlar resimde yer alan doğruların ifadesi olarak seçilir [68].

Dik doğrularda a ve b 'nin sonsuza gidebileceği göz önüne alınarak kartezyen koordinatlar yerine kutupsal koordinatlar (ρ, θ) kullanılır. Bu haliyle doğru denklemi;

$$\rho = x.cos(\theta) + y.sin(\theta) \tag{2.37}$$

şeklini alır. Burada θ orijinden geçen doğrunun x düzlemiyle yaptığı açı, ρ ise doğrunun orijinden olan uzaklığıdır. İki sistem arasında dönüşüm kolaylıkla yapılabilir.

2.2.4 Şekil Eşleştirme Tabanlı Yöntemler

Görüntü eşleştirme tabanlı yöntemler, artan duyarsızlık özelliklerine göre sınıflandırılabilmektedir. Bu yöntemlerin tümü öteleme (translation) hareketine karşı duyarsızdır. Harris nokta algılayıcı, öteleme hareketinin yanı sıra dönme (rotation) hareketine karşı da değişimsizdir [69]. Harris-Laplace, Hessian Laplace ve difference of-Gaussian (DoG) bölge algılayıcıları ise dönme ve ölçekleme (scaling) değişimlerine karşı duyarsızdır [70 -72]. Harris-Affine [73] Hessian-Affine [71] bölge algılayıcıları, kenar tabanlı bir bölge algılayıcı [74], parlaklık tabanlı bir bölge algılayıcı [75], dağınım tabanlı bir bölge algılayıcı [76] ise ilgin (affine) dönüşümlere karşı da duyarsızdır [15, 77].

2.2.4.1 Ölçekten Bağımsız Öznitelik Dönüsümü (Scale Invariant Feature Transform, SIFT)

Ölçekten bağımsız öznitelik dönüşümü (SIFT, Scale-Invariant Feature Transform) olarak adlandırılan yöntem imgenin boyutundan, imgenin alındığı kameranın bakış açısından, imgenin alındığı ortamın ışık koşullarından, imgedeki nesnelerin açısından bağımsız olarak eşleme işlemini etkin bir şekilde gerçekleştirebilmektedir [19].

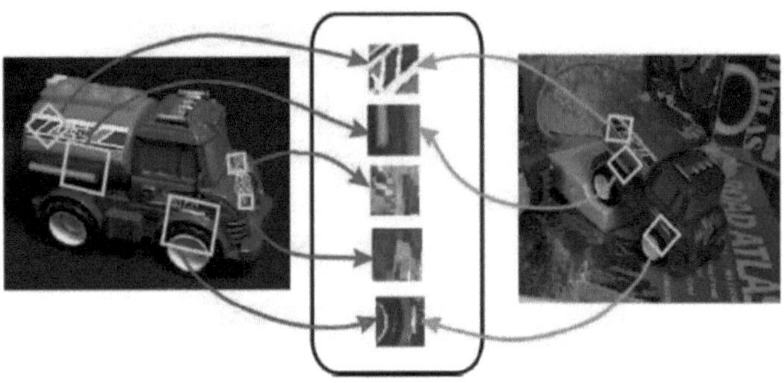

Şekil 2.29 Aynı nesneyi içeren iki imgenin eşleştirilmesi

SIFT algoritması temel olarak 4 adımdan oluşmaktadır.

- Ölçeksel uzaydaki ekstrem(uç değer) noktaların tespit edilmesi.
- Anahtar noktaların bulunması
- Yönelimlerin belirlenmesi
- Anahtar Noktaların niteliklendirilmesi.

Ölçeksel uzaydaki ekstrem(uç değer) noktaların tespit edilmesi

Öncelikle orijinal imge alınarak bulanıklaştırılır. İmgenin boyutu yarıya düşürülerek ikinci seviye imge oluşturulur ve tekrar bulanıklaştırılır. İmgenin boyutu her defasında yarıya indirilir ve bu yarıya indirme işlemi 4 defa tekrarlanır [19]. Aynı boyuta sahip resim grubunun olduğu Oktav değeri 4, bulanıklaştırma değeri 5 olarak alınır. Bu işlem Şekil 2.29'da görülmektedir.

Bulanıklaştırma işlemi matematiksel olarak aşağıdaki gibi uygulanmaktadır [19].

$$G(x, y, \sigma) = \frac{1}{2\pi\sigma^2} e^{-(x^2+y^2)/2\sigma^2} \quad (2.38)$$

$$L(x, y, \sigma) = G(x, y, \sigma) \quad I(x, y) \quad (2.39)$$

Burada L, bulanıklaştırılan imgeyi G, gauss operatörünü I, verilen giriş imgesini $*$, katlama işlemini ifade etmektedir.

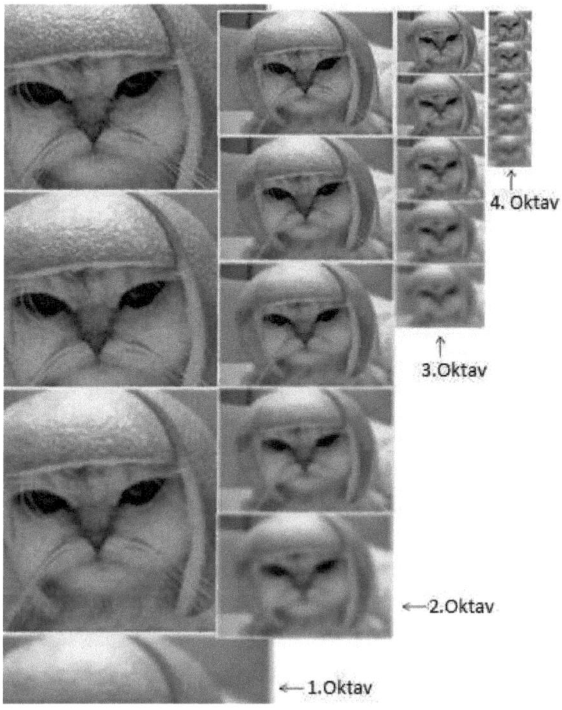

Şekil 2.30 Ölçek uzayının oluşturulması

σ, ölçek parametresi bulanıklaştırma miktarını ifade etmektedir. Öznitelik hesabında bulanıklaştırma miktarı önem taşımaktadır. Eğer bir imgede bulanıklaştırma miktarını σ alırsak, bir sonraki adımda $kx\sigma$ alınır. k'nın optimum değeri $k = \sqrt{2} = 1{,}414$ olarak belirlenmiştir.

LoG işlemi imgenin belirli bir oranda bulanıklaştırılıp ikinci türevinin alınması işlemidir. Bu şekilde imge üzerinde kenar ve köşeleri bulunur. Bu işlem anahtar nokta bulmada oldukça önemlidir. Ancak bu türev işlemi hesapsal olarak maliyetli bir işlem olduğundan bunun yerine DoG işlemini kullanılmaktadır.

Difference of Gaussian işlemi Laplacian of Gaussian işlemi ile benzer sonuçlar vermekte ve basit bir çıkarma işlemiyle yapılmaktadır. LoG işlemi Gauss işleminden dolayı bulanıklaştırma miktarına (σ) bağlı olduğundan ölçekten bağımsız değildir. Denklem 2.38'de görüldüğü gibi σ^2 (varyans) parametresinin paydada olması bu ifadenin ölçeğe bağımlı olduğu anlamına gelmektedir. DoG işleminde σ^2 ile çarpma işlemi olduğundan ölçekten bağımsızdır. Bu sayede SIFT algoritması ölçekten bağımsız çalışmaktadır.

Bu aşamadan sonra, her piksel için komşuluk değerleri kontrol edilir. Aynı oktavdaki bir imge alınır. Belirli x noktasındaki piksel için komşu pikseller üstteki ve alttaki komşu resimlerde de bu piksele komşu olabilecek pikseller kontrol edilir. Eğer x noktası komşu değerlerin en büyük ya da en küçük değeriyse, anahtar nokta olarak kabul edilir, değilse o piksel geçilir ve tüm pikseller için kontrol yapıldıktan sonra anahtar nokta kontrolü bitirilir. Bu aşamada extrem noktaların yerleri yaklaşık olarak bulunur.

Anahtar noktaların bulunması

Extrem noktaların tam yerinin bulunması için Brown'un geliştirdiği 3D quadratik fonksiyon kullanılmaktadır. Buna göre orijinin, örnek nokta üzerinde olması için kaydırılmış olan $D(x, y, \sigma)$ üzerinde Taylor açılımı kullanılır [19].

$$D(x) = D + \frac{\partial D^T}{\partial x} x + \frac{1}{2} x^T \frac{\partial^2 D}{\partial x^2} x \qquad (2.40)$$

Bu denklemde D ve türevleri extrem nokta üzerinde hesaplanmıştır ve $x = (x, y, \sigma)^T$ bu noktadan olan uzaklıktır. Extrem (max/min noktalar) noktaların yeri olan $\hat{x}$, bu $D(x)$ fonksiyonunun türevi alınıp sıfıra eşitlenerek bulunur.

$$\hat{x} = -\frac{\partial^2 D^{-1}}{\partial x^2} \frac{\partial D}{\partial x} \qquad (2.41)$$

Brown'un önerdiği gibi Hessian ve D'nin türevi yaklaşık olarak komşu extrem noktaların farkına eşittir. Burada eğer $\hat{x}$ herhangi bir boyutta 0.5 ten büyükse, başka bir ekstrem noktaya daha yakındır. Bu durumda ekstrem nokta değiştirilir, yeni ekstrem nokta üzerinde işlem yapılır. Sonuç $\hat{x}$ değeri o ekstrem noktanın konumu olarak eklenir. Bu şekilde ekstrem noktaların tam yeri bulunmuş olur.

$D(\hat{x})$ fonksiyonundaki zirve değeri, düşük zıtlığa sahip noktaların elenmesi için kullanılır. Yukarıdaki (2.42) denklemi (2.41) denklemi içerisine yazılırsa;

$$D(\hat{x}) = D + \frac{1}{2}\frac{\partial D^T}{\partial x}\hat{x} \tag{2.42}$$

0.03'ten düşük tüm $D(\hat{x})$ zirve değerleri düşük zıtlığa sahip olduğu için elenir.

Kenar noktaların ortadan kaldırılması için Harris ve Stephens'ın "kenar çıkarma metodu kullanılır. Bir anahtar nokta etrafındaki birbirine dik olan iki gradyan incelenir. Anahtar nokta etrafındaki imgenin 3 ihtimali vardır:

Düz bir alan: Her iki gradyan da küçüktür.

Bir kenar: Gradyanlardan biri küçük, diğeri büyüktür.

Bir köşe: Her iki gradyan da büyüktür.

Köşeler anahtar nokta adayları arasında en verimli olanlardır, bu nedenle kabul edilir, diğerleri elenir. Bir noktanın köşe olup olmadığını bulmak için 2x2 "Hessian matris" kullanılır.

$$H = \begin{bmatrix} D_{xx} & D_{xy} \\ D_{xy} & D_{yy} \end{bmatrix} \tag{2.43}$$

Özdeğerleri hesaplamak yerine oranların hesaplanması, verimliliği arttırır, bu nedenle gerçek özdeğerleri bulmak gerekmez. α, en büyük gradyan büyüklüğüne sahip özdeğer β, daha küçük gradyan büyüklüğüne sahip özdeğer olmak üzere;

Bu özdeğerlerin toplamı: $Tr\ (H)$

Bu özdeğerlerin çarpımı: $Det\ (H)$

$$Tr(H) = D_{xx} + D_{yy} = \alpha + \beta \tag{2.44}$$

$$Det(H) = D_{xx}.D_{yy} - {D_{xy}}^2 = \alpha.\beta \tag{2.45}$$

Eğer $Det(H)$ negatifse, nokta extrem değildir ve elenir. r; α ve β arasındaki oran olsun.

$$\frac{Tr(H)2}{Det(H)} < \frac{(r+1)2}{r} \tag{2.46}$$

Denklem 2.46'in sağlandığı yerler köşe olarak adlandırılır ve diğer yerler elenir. Bu şekilde anahtar nokta sayıları azaltılarak, verimlilik sağlanmış olur.

Yönelimlerin belirlenmesi

Belirlene her anahtar noktasına gradyan yönelimi atayarak "yönelimden bağımsız" olması sağlanmaktadır. Her bir anahtar noktanın gradyan yönelim ve büyüklüğü bulunmaktadır. Gradyan yönelim ve büyüklüğü aşağıdaki gibi hesaplanmaktadır [19].

Gradyan Büyüklüğü

$$m(x,y) = \sqrt{\left(L(x,y+1) - L(x,y-1)\right)^2 + \left(L(x+1,y) - L(x-1,y)\right)^2} \qquad (2.47)$$

Gradyan Yönelimi

$$\theta(x,y) = tan^{-1}((L(x,y+1) - L(x,y-1)) \,/\, (L(x+1,y) - L(x-1,y))) \qquad (2.48)$$

Anahtar nokta etrafındaki komşu bölgedeki bütün pikseller için m ve θ hesaplanır ve bu değerler için histogram oluşturulur.

- Bu histogramda, 360 derecelik gradyan yönelimleri 36 sütuna bölünür ve her birine 10 derece aralığı verilir.

Anahtar noktaların niteliklendirilmesi

Önceki adımlarda anahtar nokta bulunma işlemi ve gradyan yönelimlerinin belirlenmesi işlemleri gerçekleştirilmiştir. Böylece konum, ölçek ve yönelimden bağımsız öznitelik vektörleri elde edilmesi sağlanmıştır. Her anahtar nokta için bir tanımlayıcı vektör (descriptor vector) bulunması gerekmektedir. Bu tanımlayıcı vektör sayesinde ışık (illumunation), 3D bakış açısı gibi kalan özelliklere karşı bağımsız bir tanımlayıcı vektör elde edilir (Bkz. Şekil 2.30) [19].

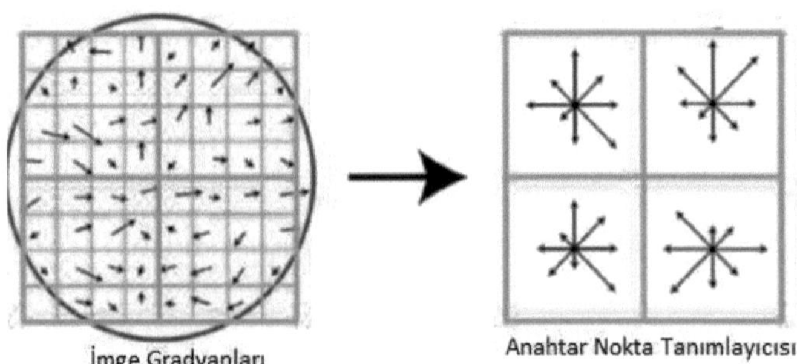

Şekil 2.31 İmge gradyan ve anahtar noktalarının elde edilmesi

Anahtar nokta etrafında 16x16 boyutunda bölgeler oluşturulur. Bu bölgeler 4x4 lük parçalara ayrılır. Bu şekilde 16 adet parça (patch) elde edilir. Her bir parça içerisinde, gradyan yönelimleri 45 derecelik 8 farklı açı aralığına etiketlenmiş histogramlar oluşturulur. 8 açı aralığına etiketlenmiş 4x4=16 histogramlı öznitelik vektörünün 128 elemanı bulunmaktadır. Elde edilen bu histogram normalize işlemine tabi tutulur. Lineer olmayan aydınlatma etkilerini azaltmak için 0,2 lik eşikleme uygulanır ve vektör tekrar normalize işlemine tabi tutulur.

2.2.4.2 Hızlandırılmış Gürbüz Öznitelikler (SURF)

SURF iki boyutlu Haar dalgacıklarının toplamını temel almakta ve integral imgeleri kullanmaktadır. SURF, Hessian matrislerini imge özniteliklerini belirlemek için kullanmaktadır. Haar dalgacıklarının kullanımı ile Hessian blob algılayıcılarının yaklaşık determinantları hesaplanır. SURF yönteminin performansını etkileyen önemli özelliklerinden birisi de integral imgelerin [78] kullanılmasıdır. İntegral imgeler, verilen dikdörtgen bir alanın hesaplanmasını hızlandırırlar. I imgesi için (x, y) koordinatlarının altında kalan alan denklem (2.49) ile hesaplanır [78]:

$$I\ \Sigma(x,y) = \sum_{i=0}^{i\leq x} \sum_{j=0}^{j\leq y} I(i,j) \tag{2.49}$$

I imgesi için integral imge hesaplandığında, herhangi bir piksel koordinatı için yoğunluklar toplamı 3 toplama işlemi ile yapılır. Hesaplama işlemi imgelerin boyutundan bağımsız olduğu için işlem süresi azalmaktadır [79].

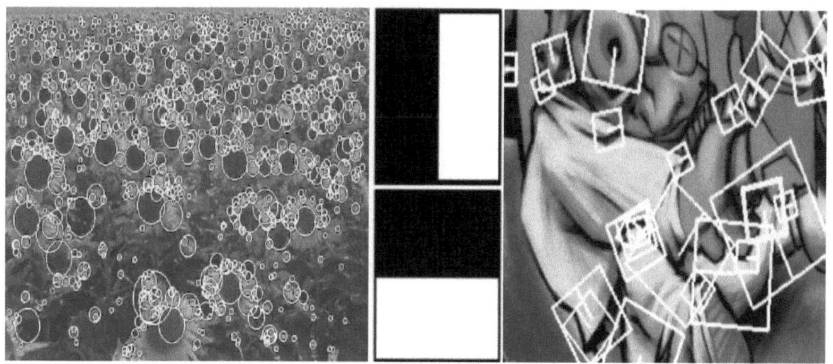

Şekil 2.32 SURF tanımlayıcılarının elde edilmesi

Hessian Matrisi

SURF blob algılayıcısı Hessian matrisinin determinantını temel almaktadır. Hessian matrisinin determinantın maksimum olduğu konum blob türü yapıları algılamak için kullanılır. $I(x,y)$ imge noktası için Hessian matrisi denklem (2.50) ile tanımlanır:

$$H(I(x,y)) = \begin{bmatrix} \frac{\partial^2 I}{\partial x^2} & \frac{\partial^2 I}{\partial y \partial x} \\ \frac{\partial^2 I}{\partial x \partial y} & \frac{\partial^2 I}{\partial y^2} \end{bmatrix} \quad (2.50)$$

Hessian matrisinin determinantı denklem (2.51) ile hesaplanır:

$$det\left(H(I(x,y))\right) = \frac{\partial^2 I}{\partial x^2}\frac{\partial^2 I}{\partial y^2} - \left(\frac{\partial^2 I}{\partial x \partial y}\right)^2 \quad (2.51)$$

Determinantın değeri ikinci derece fonksiyon testi yapılarak, fonksiyonun maksimum ve minimum noktalarını belirlemek için kullanılır. σ ölçeğinde bulunan $P(x,y)$ noktası için Hessian matrisi aşağıdaki gibi hesaplanır:

$$H(P,\sigma) = \begin{bmatrix} L_{xx}(P,\sigma) & L_{xy}(P,\sigma) \\ L_{xy}(P,\sigma) & L_{yy}(P,\sigma) \end{bmatrix} \quad (2.52)$$

$L_{xx}(P,\sigma)$ ikinci derece Gauss türevi $\frac{\partial^2 g(\sigma)}{\partial x^2}$ 'nin $P(x,y)$ ile tanımlanan noktadaki evrimidir; Benzer şekilde L_{xx} ve L_{xy} değerleri elde edilir. Bu türevler Gauss Laplace işleci (LoG-Laplacian of Gaussians) olarak bilinirler. SIFT yöntemi Gauss Laplace işleçlerini Gaussların Farkı (DoG) [6] olarak yaklaşık hesaplar. SURF yöntemi ise Gauss çekirdeklerini kutu süzgeçleri ile yaklaşıklar. SURF tarafından önerilen Hessian matrisinin determinantını hesaplama formülü [7] denklem (2.53) ile tanımlanmaktadır:

$$det(H) \cong D_{xx}D_{yy} - \left(wD_{xy}\right)^2 \quad (2.53)$$

w değeri Gauss çekirdekleri arasındaki enerji dönüşümü ile hesaplanır.

Ölçek Uzayı Oluşturma

Çakıştırılmak istenilen imge çiftleri farklı ölçek oranlarında olabilir veya bazı öznitelikler farklı ölçeklerden elde edilebilir. Bilgisayarla görme uygulamalarında, ölçek uzayları orijinal imgeyi Gauss çekirdekleri ile katlama işlemine tabii tutulduktan sonra alt örneklem döngülü işleme ile elde edilir. SIFT bu sayede Gaussların farklarını (DoG) başarılı bir şekilde hesaplamaktadır [20].

SURF yöntemi sabit kutu süzgeçleri kullandığı için, aynı süzgeç daha önce süzgeçlenmiş katmana uygulanmaz. Sonuç olarak, genel bir performans artışı sağlanmaktadır [79].

Yönelim Belirleme

İmgelerin eşleşmeleri için dönme bağımsızlığını sağlamak amacıyla her bir ilgi noktasına tekrar bulunabilir bir yönelim vektörü atanır. Bir ilgi noktasının s ölçeğinde bulunduğu varsayılırsa, 4 s boyutu için Haar dalgacıkları ilgi noktasının $6s$ komşuluğunda bulunan pikseller için hesaplanır. Dalgacık yanıtları bir Gauss (σ = 2s) ile ağırlıklandırılır ve ilgi noktasını merkez alan bir uzayda noktalar olarak gösterilir. Yanıtların baskın yönelimi $\frac{\pi}{3}$ boyutunda kayan bir pencere ile hesaplanır. En uzun yönelim vektörü tanımlayıcı baskın yönelimi olarak seçilir [33].

Tanımlayıcı Bileşenleri

$\mathrm{P(x,y)}$ noktasında s ölçeğinde bulunan bir ilgi noktası için ilk olarak kenar uzunluğu $20s$ boyunda bir kare bölge oluşturulur. Oluşturulan bölge 4 x 4 kare alt alanlara bölünür. Her alt alana 4 bileşen atanır. Bu 4 bileşen Haar dalgacık yanıtları (2s boyunda) ile $5\,x\,5$ eşit aralıklarla örneklenir. x ve y yonlerindeki Haar dalgacık bileşenlerini dx ve dy için örneklenen 25 noktanın toplam yanıtı denklem (2.54) ile bulunur (Bkz. Şekil 2.31) [33]:

$$vsub = [\sum dx, \sum dy, \sum|dx|, \sum|dy|] \tag{2.54}$$

2.2.4.3 GLOH (Gradient Location and Orientation Histogram)

SIFT öznitelik tanımlayıcısıyla yakından ilişkili olan GLOH (Gradient Location and Orientation Histogram) öznitelik tanımlayıcısı, bir ilgi noktası etrafındaki yerel bir konuma bağımlı gradyan yönelimlerin histogramıdır. GLOH yönteminin SIFT yönteminden 2 temel farkı bulunmaktadır. Birincisi, kullanılan ızgara konumunun değiştirilerek öznitelik vektör boyutunun artırılmasıdır. Diğer temel fark ise elde edilen yüksek boyutlu öznitelik betimleyicilerinin PCA(Temel Bileşen Analizi) yöntemi ile boyutunun azaltılmasıdır. GLOH, SIFT yönteminin sağlamlık ve ayırt edici özelliğini artırmak için tasarlanmış özniteliklerini kullanmaktadır [80].

SIFT betimleyicilerinin hesaplanması işleminde anahtar nokta(key-point) etrafında 16x16 boyutunda bölgeler oluşturulur. Bu bölge 4*x*4 lük parçalara ayrılır. Bu şekilde 16 adet parça elde edilir. Her bir parça için, gradyan yönelimleri 45 derecelik 8 farklı açı aralığına etiketlenmiş histogramlar oluşturulur. 8 açı aralığına etiketlenmiş 4x4=16 histogramlı vektörün 128 elemanı bulunmaktadır. GLOH betimleyicileri radyal yönde logaritmik kutupsal 3 bölmeye ve açısal yönde 8 bölgeye ayrılır. Bu şekilde 17 adet parça elde edilir (Bkz. Şekil 2.32). Merkez bölge açısal yönde bölgeye ayrılmaz. Gradyan yönelimleri de 16 farklı açı aralığına etiketlenmiş histogram oluşturulur. 16 açı aralığına etiketlenmiş 17 histogramlı vektörden 272 elemanlı tanımlayıcı vektör elde edilir. Elde edilen tanımlayıcı vektör Temel bileşen analizi kullanılarak boyutu indirgenir. Temel bileşen analizi yöntemi için kovaryans elde edilir. En büyük 128 özvektör tanımlayıcı vektör olarak kullanılır.

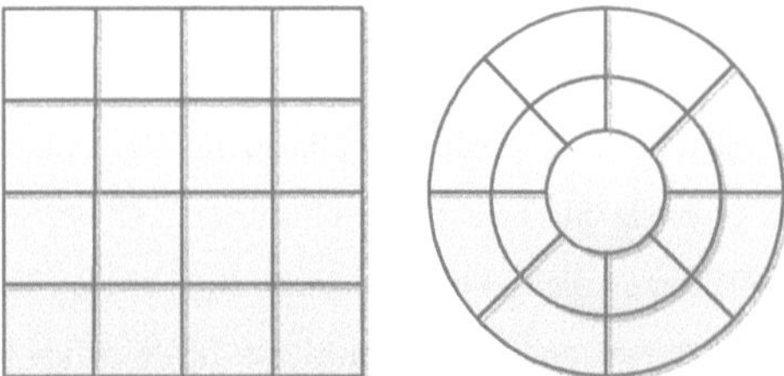

Şekil 2.33 SIFT ve GLOH yöntemlerine ait konum çerçeveleri

GLOH tanımlayıcısı yapılandırılmış sahnelerdeki nokta eşleme uygulamalarında daha iyi performans gösterirken, SIFT tanımlayıcıları doku (textured) tabanlı imgelerde daha iyi performans göstermektedir.

2.2.4.4 CHOG (Compressed Histograms of Oriented Gradients)

Doğal sıkıştırılabilir özel bir tanımlayıcı oluşturmak için Chandrasekhar tarafından düşük bit hızlarında iyi bir performans gösterebilen CHOG (Compressed Histograms of Oriented Gradients) tanımlayıcıları geliştirilmiştir. CHOG düşük bit değerlerinde daha iyi çalışmak için geliştirilmiştir [81].

Şekil 2.34 İlgi noktalarından elde farklı ölçekteki bölgeler

CHOG tanımlayıcıların hesaplanması için öncelikle ilgi noktalarından (Blob, Köşe, vb.) farklı ölçeklerde bölgeler elde edilir (Bkz Şekil 2.33). Farklı ölçeklerde alınan bu bölgeler baskın gradyan boyunca yönlendirilir. Elde edilen ölçeklenmiş ve yönlendirilmiş bölgeler logaritmik kutupsal uzaysal bölgelere (log-polar spatial bins) bölünür. Sonrasında her bir uzaysal bölge içerisindeki (dx, dy) histogramların bağımsız kuantizasyonu işlemi gerçekleştirilir ve sıkıştırma işlemine tabii tutulur. Histogram sıkıştırma işlemi için Huffman, Type ve Lloyd-Max VQ yöntemleri kullanılmaktadır. CHOG tanımlayıcılarının hesaplanmasındaki genel yapı Şekil 2.34 de görülmektedir. Sonuç olarak CHOG tanımlayıcıları her bir uzaysal bölgenin dağılımı bilgisini tutmaktadır. Sonuç olarak bu işlem KL diverjans gibi etkin uzaklık ölçütlerinin kullanılmasına ve daha da önemlisi verimli kuantizasyon ve sıkıştırmaya sahiptir.

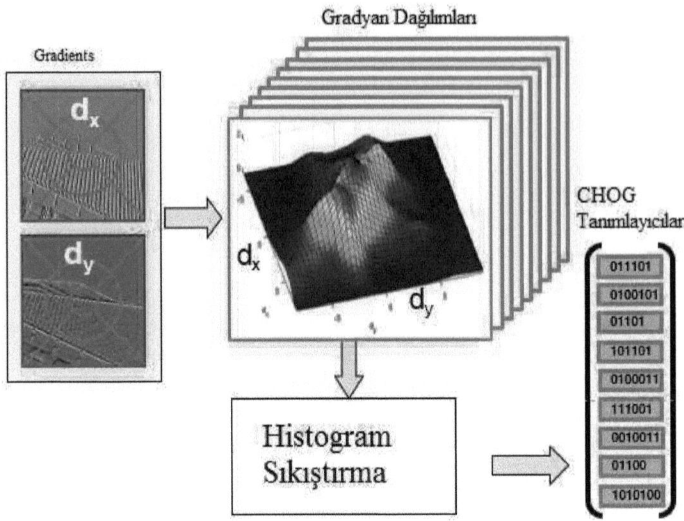

Şekil 2.35 CHOG genel yapısı

2.2.4.5 Rotation-Invariant, Fast Feature (RIFF)

CHOG tanımlayıcılarının performansını iyileştirmek amacıyla, anahtar noktaların belirlenmesindeki yönelim belirleme aşaması kaldırılıp yerine RIFF öznitelik tanımlayıcıları önerilmiştir. RIFF öznitelik tanımlayıcıları SIFT, SURF, CHOG tanımlayıcılarından daha sağlam sonuçlar vermekte ve bu sonuçları daha kısa sürede elde etmektedir. Gradyan dönüşümleri çok hızlı olarak yapılmaktadır. RIFF tanımlayıcıları kendisinden daha önce önerilen SIFT ve CHOG tanımlayıcılarından yararlanmaktadır [82].

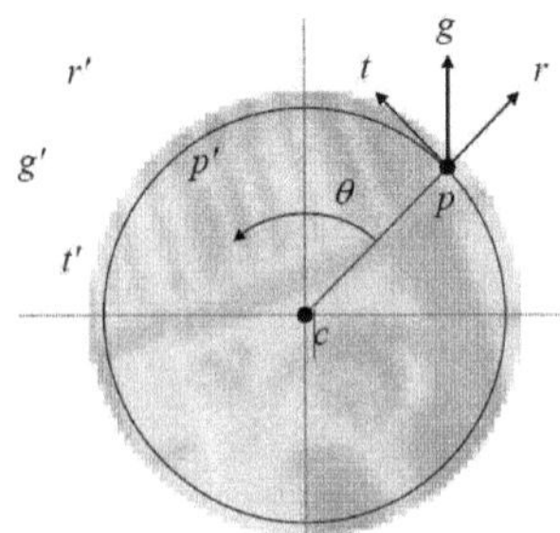

Şekil 2.36 Radyal gradyan

RIFF tanımlayıcılarının hesaplanması için öncelikle Gradyan Binding işlemini bilgi kaybı olmadan dönüşümden bağımsız yapmak için Radial Gradient Transform (RDT) yöntemi kullanılır. Radial Gradyan Transform matematiksel olarak aşağıdaki gibi ifade edilebilir. Şekil 2.35 de görüldüğü gibi gradyanı tanımlamak için 2 temel vektör seçilir. Bu temel vektörler r ve tp noktaları bölgenin merkezi c noktasına göre radyal ve teğetsel yönlerdedir. R_θ yönelim matrisi aşagıdaki gibi tanımlanır.

$$r = \frac{p-c}{\|p-c\|}, \quad t = R_{\frac{\pi}{2}} r \tag{2.55}$$

r ve t'nin g üzerinde projeksiyon uygulayarak kendi yerel koordinat sistemi $(g^T r)r + (g^T t)t$ elde edilir ve gradyan lokal koordinat sisteminde $(g^T r, g^T t)$ şeklinde gösterilebilir. Aşağıda elde edilen gradyan koordinatları yerel çerçeve içerisinde ölçekten bağımsızdır.

$$R_{\theta p} = p', \quad R_{\theta r} = r', \quad R_{\theta t} = t', \quad R_{\theta g} = g', \tag{2.56}$$

Gradyan Binning işleminden sonra Annuli Uzaysal (Spatial) binning işlemi uygulanır. Gerçek zamanlı uygulamalarda kullanılabilmesi için gradyan yönelimi belirleme aşaması kaldırılmıştır. RIFF betimleticilerinin hesaplanması Şekil 2.36'da görülmektedir.

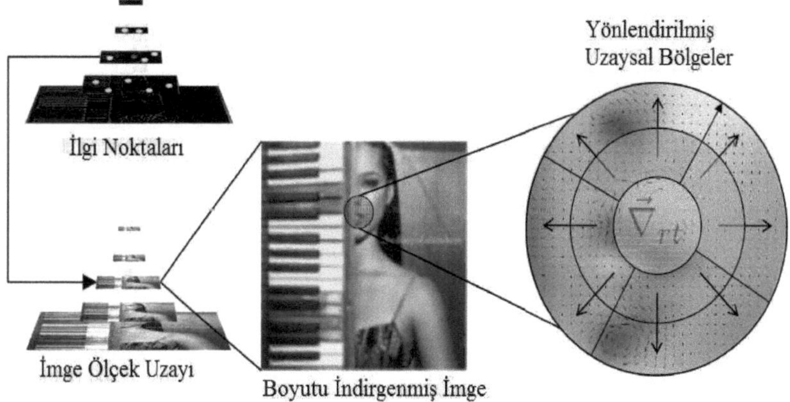

Şekil 2.37 RIFF genel yapısı

2.2.4.6 BRIEF (Binary Robust Independent Elementary Features)

BRIEF (Binary Robust Independent Elementary Features) tanımlayıcıları nispeten daha az bit kullanarak ve basit yoğunluk farkı testleri kullanılarak hesaplanabilir ve son derece ayırt edici özelliğe sahiptir. Ayrıca tanımlayıcı benzerliği hesaplaması oldukça kolay olan Hamming uzunluğu kullanılarak değerlendirilebilir. BRIEF betimleyicileri hem elde edilmesi açısında hem eşleştirme açısından oldukça hızlıdır [83].

BRIEF betimleyicileri [19][20] çalışmalarından esinlenmiştir. Bu çalışmalarda görüntü bölgelerinin nispeten az sayıda ikili yoğunluk karşılaştırmaları ile etkili bir şekilde sınıflandırılabileceği gösterilmiştir. Bu testlerin sonuçları, farklı bakış açılarından görülebilen bölgeleri tanımak için kullanılır. Tanıma işlemi için Naive Bayes yada rastgele sınıflandırma ağaçları kullanılır. SxS boyutundaki p bölgesi üzerinde τ test tanımlayalım [83];

$$\tau(p; x, y) := \begin{cases} 1, & eğer\ p(x) < p(y) \\ 0, & değilse \end{cases} \tag{2.57}$$

$p(x)$, p bölgesinin $x = (u, v)^T$ noktasındaki yumuşatılmış piksel yoğunluk değerini ifade etmektedir. BRIEF tanımlayıcısı $\mathrm{n_d}$ boyutlu bit dizisi olarak ifade edilir.

$$f_{nd}(p) := \sum_{1 \le i \le nd} 2^{i-1}\ \tau(p; x_i, y_i) \tag{2.58}$$

BRIEF tanımlayıcılarının avantajları hızlı, etkili ve oldukça ayırt edici olması, hamming uzunluğu sayesinde hızlı eşleştirme sağlaması, tanıma başarısının iyi olması şeklinde sıralanabilir. Ayrıca uygulanan testler BRIEF tanımlayıcılarının bakış açısı değişimi, sıkıştırma bozulmalarına, ışık değişimine ve imge bulanıklığına karşı sağlam olduğunu göstermektedir.

3. ÖNERİLEN ÖZNİTELİK ÇIKARMA YÖNTEMİ

Bu bölüm, tez çalışması kapsamında önerilen öznitelik çıkarma yöntemiyle ilgili ayrıntıları içermektedir. Önerilen yöntemde kullanılan renkli gradyan (color gradient) ve geleneksel yöntemlerde kullanılan Çift Açı Sunumu (double angle representation) [66] yönteminin nasıl hesaplandığından, avantaj ve dezavantajlarından bahsedilmiştir.

Renkli imgelerde gradyan yöneliminin belirlenmesi önemli bir problemdir ve bu konuda birçok çalışma yapılmıştır [63-65]. Daha önce önerilen yöntemler renkli imgedeki gradyan yönelimlerini hesaplamak için Çift Açı Sunumu yöntemini kullanmaktadır. Bu tez çalışmasında önerilen özellik çıkarma yöntemi renkli gradyan yöntemini kullanmaktadır. İki yöntem arasındaki farkı daha iyi anlamak için bu iki yöntem ayrıntılı olarak anlatılacaktır.

3.1 Çift Açı Sunumu

Çift açı sunumu yönteminde, θ ve $\theta + 180$ gradyan yönelimleri aynı, θ ve $\theta + 90$ ortogonal gradyan yönelimleri karşıt yönlerdedir. Bu sayede farklı renk kanallarındaki gradyan yönelimlerin ortalamasının alınması uygun olmaktadır. Bu işlem sonucu olarak $0 - 180$ derece arasındaki gradyan yönelimlerini elde edilir. Böylece θ ve $\theta + 180$ gradyan yönelimleri arasında fark bulunmamaktadır. Bu yöntem kullanılarak RGB renk kanallarının gradyan yönelimlerinin ortalaması alınır.
İmge gradyanı ∇f ve lokal yönelimi $\beta = \beta(x, y)$ olmak üzere çift açı sunumu yöntemi matematiksel olarak aşağıdaki gibidir [66];

$$\nabla f = \binom{f_x}{f_y} \equiv \binom{\cos\beta}{\sin\beta} \tag{3.1}$$

$$\binom{f_x}{f_y} = \mp\sqrt{{f_x}^2 + {f_y}^2}\binom{\cos\beta}{\sin\beta} \tag{3.2}$$

$$\begin{cases} {f_x}^2 = ({f_x}^2 + {f_x}^2)\cos^2\beta \\ {f_y}^2 = ({f_x}^2 + {f_x}^2)\sin^2\beta \end{cases} \leftrightarrow f_x \sin\beta = \pm f_y \cos\beta \tag{3.3}$$

$$\beta = \frac{1}{2} arg z \tag{3.4}$$

Z karmaşık bir sayıdır ve tanımlayıcıyı ifade etmektedir. $Argz$ argümanı baskın gradyan yönelimini, $|z|$ gradyan büyüklüğü ise gradyan yöneliminin kesinliği yada enerjisini ifade etmektedir (Bkz Şekil 3.1).

Çift açı sunumu yönteminin iki avantajı bulunmaktadır. Birincisi θ ve $\theta + 180$ gradyan yönelimleri aynı olduğundan gösterimdeki tutarsızlıkların giderilmesidir. İkincisi ise θ ve $\theta + 90$ ortogonal gradyan yönelimleri karşıt yönlerde olduğundan farklı kanallardaki gradyan yönelimlerinin ortalamalarının kullanılmasıdır (Bkz Şekil 3.2).

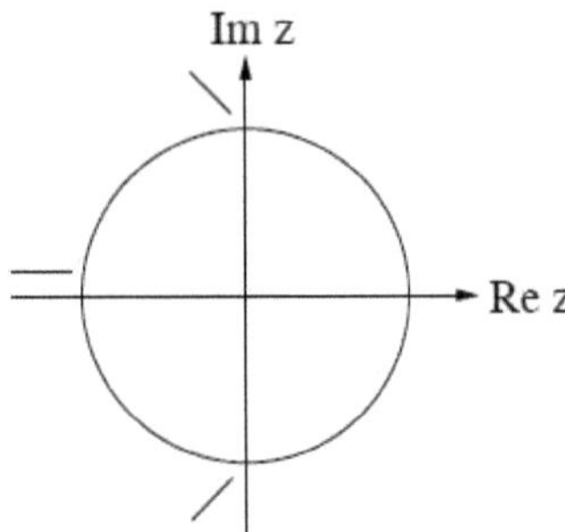

Şekil 3.38 Açı bilgisinin çift açı sunumu yöntemi ile gösterimi

Yukarıda bahsedilen avantajların aksine çift açı sunumu yönteminin üç önemli dezavantajı bulunmaktadır. Bu dezavantajlar reel ve kompleks eksen arasındaki dönüşüm sırasındaki zaman kaybı, gradyan değişimlerini daha az ifade edebilme yeteneği ve matematiksel karmaşıklıktır. Bu sebeple çift açı sunumu gerçek zamanlı uygulamalar için uygun bir yöntem değildir.

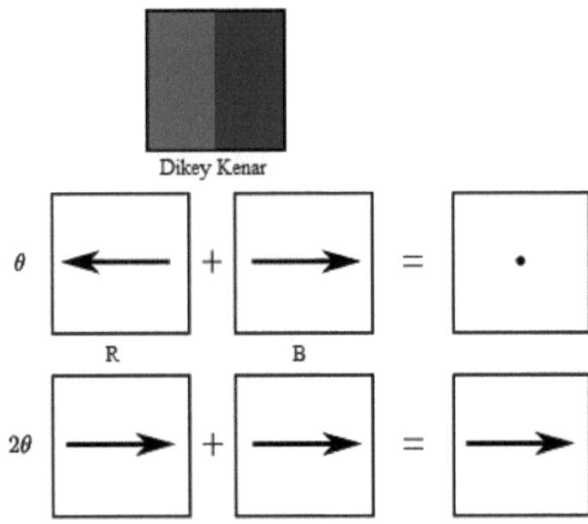

Şekil 3.39 Ortalama gradyan yönelimlerinin çift açı sunumu ile elde edilmesi

Bu tez çalışmasında önerilen yöntem, çift açı sunumu yönteminin yerine renkli gradyan (color gradient) yöntemini kullanmaktadır.

3.2 Renkli Gradyan (Color Gradient)

Renkli gradyan [84] yöntemi renk bilgisinin tüm avantajlarını kullanmaktadır ve uygun hesaplama maliyeti ile tutarlı sonuçlar vermektedir. Renkli gradyanın hesaplanması işlemi aşağıdaki gibidir;

c, renkli bir imge olsun. Bu imgenin herhangi bir (x, y) noktasındaki RGB yoğunluk değerleri denklem 3.5'de görülmektedir[84].

$$c(x,y) = \begin{bmatrix} C_R(x,y) \\ C_G(x,y) \\ C_B(x,y) \end{bmatrix} = \begin{bmatrix} R(x,y) \\ G(x,y) \\ B(x,y) \end{bmatrix} \tag{3.5}$$

Renkli imgenin yatay (u) ve dikey (v) gradyan değerleri denklem 3.6'daki gibi hesaplanmaktadır [84].

$$\begin{cases} u = \frac{\partial R}{\partial x} r + \frac{\partial G}{\partial x} g + \frac{\partial B}{\partial x} b \\ v = \frac{\partial R}{\partial y} r + \frac{\partial G}{\partial y} g + \frac{\partial B}{\partial y} b \end{cases} \tag{3.6}$$

Burada $\frac{\partial R}{\partial x}, \frac{\partial G}{\partial x}, \frac{\partial B}{\partial x}$ ve $\frac{\partial R}{\partial y}, \frac{\partial G}{\partial y}, \frac{\partial B}{\partial y}$ sırasıyla r, g, b renk kanallarındaki yatay ve dikey gradyan değerlerini göstermektedir. İkincil yatay (g_{xx}), İkincil yatay (g_{yy}) ve çapraz (g_{xy}) gradyan değerleri denklem 3.7'deki gibi tanımlanmaktadır [84].

$$\begin{cases} g_{xx} = u \cdot u = u^T u = \left|\frac{\partial R}{\partial x}\right|^2 + \left|\frac{\partial G}{\partial x}\right|^2 + \left|\frac{\partial B}{\partial x}\right|^2 \\ g_{yy} = v \cdot v = v^T v = \left|\frac{\partial R}{\partial y}\right|^2 + \left|\frac{\partial G}{\partial y}\right|^2 + \left|\frac{\partial B}{\partial y}\right|^2 \\ g_{xy} = u \cdot v = u^T v = \left|\frac{\partial R}{\partial x}\right| \left|\frac{\partial R}{\partial y}\right| + \left|\frac{\partial G}{\partial x}\right| \left|\frac{\partial G}{\partial y}\right| + \left|\frac{\partial B}{\partial x}\right| \left|\frac{\partial B}{\partial y}\right| \end{cases} \tag{3.7}$$

Bu değerler kullanılarak renkli gradyan yönelimi (θ) denklem 3.8'deki gibi hesaplanmaktadır [84].

$$\theta(x,y) = \frac{1}{2} \tan^{-1} \left[\frac{2 * g_{xy}}{g_{xx} - g_{yy}} \right] \tag{3.8}$$

Şekil 3.3'de verilen RGB imgenin renkli gradyanı, her bir renk kanalının gradyanlarının toplanması ve bunların farkları görülmektedir. Şekil 3.4'de ise her bir renk kanalına ait renkli gradyan sonuçları görülmektedir.

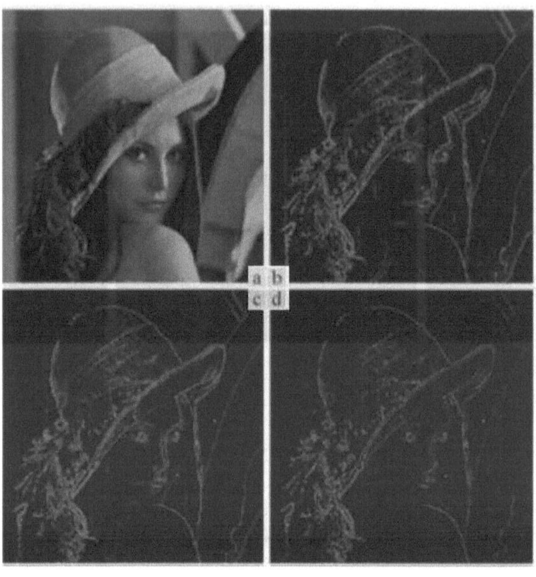

Şekil 3.40 (a) RGB imge (b) Renkli gradyan Sonucu (c) Her bir renk kanalının gradyanının alınıp toplanması sonucu (d) (b) ve (c) imgelerinin farkı

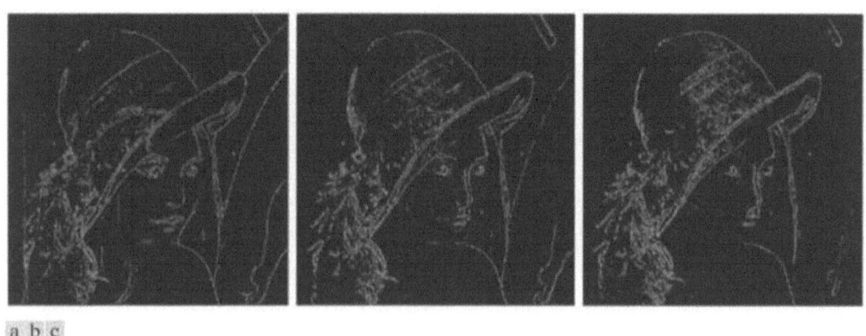

Şekil 3.41 (3.3a) imgesinin her bir kanalının gradyanları

Bu tez çalışmasında önerilen yöntemde, CoHED ve CoHOG yöntemindeki kenar yönelimlerinin hesaplanmasında çift açı sunumu yönteminin yerine renkli gradyan (Color Gradient) yöntemi kullanılmıştır. Color-CoHOG ve CoHED yöntemlerinin yerine önerilen yöntemler sırasıyla cgCoHOG ve cgCoHED olarak isimlendirilmiştir.

cgCoHOG yönteminde kenar yönelimleri hesaplandıktan sonra ortalama gradyan yönelimleri eşit olarak 4 farklı duruma etiketlenir. Sonrasında etiketlenen bu gradyan yönelimleri önplan arka plan ayrımı için kullanılan renk eşleştirme (color matching) işleminde kullanılmaktadır.

Önplan arka plan ayrımı nesnenin şeklinin belirlenmesinde önemlidir. Ortalama gradyan yönelimleri hesaplandıktan sonra, verilen bir ofsetteki piksel çiftlerinin renk eşleşmesi sonuçları kullanılır. Farklı objelere ait piksel çiftlerinin aynı renk olma ihtimalleri azalan yöndeyken, aynı objeye ait piksel çiftlerinin aynı renk olma ihtimali muhtemeldir. Her bir ofset değeri için aynı renk olan ve olmayan 2 farklı eş oluşum matrisi hesaplanır.

CgCoHED yönteminde kenar yönelimleri hesaplandıktan sonra p_0 noktasındaki kenar yönelimleri belirlenir ve p_0 noktasının karşılıklı 2 noktasındaki p_1 ve $p_2$noktaları belirlenen uzaklık değerine göre yerleştirilir. YCbCr uzayında p_1 ve p_2 noktaları arasındaki renk farklılıkları hesaplanır. Bu adımdan sonra hesaplanan renk farklılıkları her bir renk uzayı için (YCb, YCr, CbCr) 8 farklı duruma kuantize edilir. $Y - Cb$ renk uzayı için eş oluşum histogramlarının hesaplanması aşağıdaki gibidir [62].

$$H_{Y-Cb}(g, c) \leftarrow H_{Y-Cb}(g, c) + |dy| \;+ |du| \tag{3.9}$$

qp_0 noktasındaki gradyan yönelimlerini, c kuantize edilmiş renk farklılığını ,dy ve du ise sırasıyla p_1 ve p_2 arasındaki Y ve Cb uzayındaki renk farlılığını ifade etmektedir. cgCoHED ağırlıklı oylama ile hesaplanmaktadır. Diğer yöntemler ağırlıksız oylama ile hesaplanmaktadır. Ağırlıklandırma ile güçlü kenarlar zayıf kenarlara oranla daha geniş olur. CoHED dokudan çok şekil yapısıyla ilgilenmektedir.

Bu tez çalışmasında önerilen cgCoHOG ve cgCoHED öznitelik tanımlayıcıları sırasıyla color-CoHOG ve CoHED yöntemleriyle aynı sayıda öznitelik vektörü oluşturmaktadır. Ancak önerilen yöntemler ile bu işlem daha kısa sürede gerçekleşmekte ve nesne sınıflandırma sürecinde daha doğru sonuçların elde edilmesini sağlamaktadır. cgCoHOG ve cgCoHED yöntemlerinde çift açı sunumu yönteminin yerine renkli gradyan yönteminin kullanılması bu algoritmaların hem gerçek zamanlı uygulamalarda kullanılabilirliğini artırmış hem de sınıflandırma sürecinde daha yüksek doğrulukta sonuçlar elde etmeyi sağlamıştır.

4. DENEYSEL SONUÇLAR

Bu çalışmada bahsedilen tüm geleneksel algoritmalar ve önerilen yöntemler 2.9-GHz Intel(R) i7-3520M CPU, 8GB Ram konfigürasyonlu masaüstü bir bilgisayar üzerinde Matlab programı kullanılarak uygulanmıştır.

Uygulamalarda kullanılan CoHED ve cgCoHED algoritmalarında noktalar arasındakis uzaklığı 1, 3, 6 ve 9 olarak kullanılmıştır. Yine bu algoritmaların giriş parametreleri olan renk farklılığı sayısı 4, renk uzayı sayısı 3, etiketlenen açı aralığı sayısı 4 ve ofset sayısı 4 olarak ayarlanmış ve üretilen öznitelik vektör boyutunun 384 olması sağlanmıştır.

Color-CoHOG ve cgCoHOG öznitelik vektörlerinin de aynı boyutta ve her bir bölünmüş bölge için 1280 (10 (offset sayısı) x 8^2 (etiketlenen açı aralığı sayısı) x 2 (aynı renk & aynı renk olmayan)) öznitelik vektörü elde edilmiştir.

Bu tez çalışmasında önerilen yöntemlerin katkısını daha iyi ifade etmek için önerilen yöntemlerin zaman ve sınıflandırma başarısı bakımından performansları geleneksel yöntemlerle (CoHED, Color-CoHOG ve CoHOG) kıyaslanmıştır. Bunun yanında algoritma parametrelerinin imge sınıflandırma performansını nasıl etkilediğini açıkça görmek amacıyla bazı parametreler değiştirilip sonuçlar gözlemlenmiştir. Tüm özniteliklerinin sınıflandırma sonuçları geri yayılımlı yapay sinir ağları kullanılarak elde edilmiştir.

Deneylerde aşağıda bahsedilen veri setleri kullanılmıştır.

1) Indria [85]: Bu veri seti içerisinde insan olan ve insan olmayan imgeler içeren veri setini sınıflandırmak için kullanılmıştır. Eğitim sürecinde, pozitif örneklere ait 2416 adet normalize edilmiş imge ve negatif örneklere ait 1218 adet imge kullanılmıştır. Her bir eğitim imgesi 64×128 boyutundadır. Test sürecinde, toplamda 64x128 boyutunda 1208 adet imge kullanılmıştır (Bkz. Şekil 4.1).

2) Caltech256 [86]: Bu veri seti 256 farklı nesne sınıfından oluşmaktadır. Veri setindeki her bir imgenin boyutu ortalama olarak 300×200 piksel boyutundadır. Her bağımsız deney için, farklı sınıflara ait imgeler kullanılmıştır. Örneğin, 4 sınıflı bir veri seti oluşturmak için, motosiklet, leopar, bonsai ve kol saati sınıfına ait imgeler alınmış ve bu veri seti Caltech4 olarak isimlendirilmiştir. Aynı şekilde, Caltech5 (motosiklet, yüz, tost makinesi, dürbün, araba), Caltech6 (uçak, kelebek, yelkenli, piyano, sırt çantası, satranç tahtası) ve Caltech7 (lama, penguen, fil, at, uçak, goril, üzüm) veri setleri elde edilmiştir. Eğitim sürecinde, Caltech4 veri setinde 1155 imge, Caltech5 veri setinde 1607 imge, Caltech6 veri setinde 934 imge, Caltech7 veri setinde 1368 imge kullanılmıştır. Test sürecinde, Caltech4 veri setinde 200 imge, Caltech5 veri setinde 208 imge, Caltech6 veri setinde 194 imge, Caltech7 veri setinde 167 imge kullanılmıştır (Bkz. Şekil 4.2).

3) Caltech Cars: Bu veri seti Caltech cars 2001 ve 1999 veri setlerinden elde edilmiştir. Eğitim sürecinde, pozitif örneklere ait 562 adet normalize edilmiş imge ve negatif örneklere ait 960 adet imge kullanılmıştır. Her bir eğitim imgesi 360×240 boyutundadır. Test sürecinde, toplamda 360×240 boyutunda 90 adet imge kullanılmıştır.

4) Caltech Airplanes: Bu veri seti Caltech uçak veri setinden elde edilmiştir. Eğitim sürecinde, pozitif örneklere ait 950 adet normalize edilmiş imge ve negatif örneklere ait 980 adet imge kullanılmıştır. Her bir eğitim imgesi 360×240 boyutundadır. Test sürecinde, toplamda 360×240 boyutunda 248 adet imge kullanılmıştır.

5) Light: Bu veri seti sağlıklı ve sağlıklı olmayan karaciğer dokularına ait 2400 adet ışık mikroskop görüntülerinden oluşmaktadır. Eğitim sürecinde, pozitif örneklere ait 864 adet normalize edilmiş imge ve negatif örneklere ait 1296 adet imge kullanılmıştır. Her bir eğitim imgesi 256×192 boyutundadır. Test sürecinde, toplamda 256×192 boyutunda 240 adet imge kullanılmıştır.

Şekil 4.42 Indria veri setinde pozitif ve negatif sınıflara ait örnekler

Şekil 4.43 Caltech256 veri setine ait örnek imgeler

Deney sonuçlarının değerlendirilmesinde yaygın ölçüt olarak doğruluk (Accuracy), anma (Recall) ve kesinlik (Precision) değerleri kullanılmaktır. Bu tez çalışmasında önerilen yöntemlerinin yapay sinir ağları eğitimi sonunda sınıflandırma başarı oranlarının değerlendirilmesinde doğruluk (Accuracy) ölçütü kullanılmıştır. Çizelge 4.3, doğruluk ölçütünün hesaplanmasında kullanılan karışıklık matrisini göstermektedir. Burada TP (TruePositive), FP (False Positive), FN (False Negative), ve TN (True

Negatif) sonuç sayılarını ifade etmektedir. Doğruluk (Accuracy) popülasyondaki doğru sonuçların (hem True Positive hem True Negative) tüm sonuçlara olan oranını ifade etmektedir ve aşağıdaki gibi hesaplanmaktadır.

Çizelge 4.1 Karışıklık matrisi

		Gerçek Sınıf	
		Doğru	Yanlış
Öngörülen Sınıf	Pozitif	**Olumlu Pozitif**	**Olumsuz Pozitif**
	Negatif	**Olumsuz Negatif**	**Olumlu Negatif**

$$\text{Doğruluk} = \frac{\text{Olumlu Pozitif} + \text{Olumlu Negatif}}{\text{Olumlu Pozitif} + \text{Olumlu Negatif} + \text{Olumsuz Pozitif} + \text{Olumsuz Negatif}} \quad (4.1)$$

$$\text{Anma} = \frac{\text{Olumlu Pozitif}}{\text{Olumlu Pozitif} + \text{Olumsuz Negatif}} \quad (4.2)$$

$$\text{Kesinlik} = \frac{\text{Olumlu Pozitif}}{\text{Olumlu Pozitif} + \text{Olumsuz Pozitif}} \quad (4.3)$$

$$\text{Hata} = \frac{\text{Olumsuz Pozitif} + \text{Olumsuz Negatif}}{\text{Olumlu Pozitif} + \text{Olumlu Negatif} + \text{Olumsuz Pozitif} + \text{Olumsuz Negatif}} \quad (4.4)$$

İlk deney algoritmaların sınıflandırma başarılarını değerlendirmek amacıyla gerçekleştirilmiştir. Çizelge 4.2 algoritmaların farklı sınıf sayılarında olan 8 farklı veri seti üzerinde sınıflandırma başarılarını göstermektedir. Çizelge 4.2 incelendiğinde önerilen yöntemlerin (cgCoHED, cgCoHOG) öznitelik vektör boyutunu artırmadan geleneksel yöntemlerden daha iyi sonuç verdiği görülmektedir. Ayrıca veri setindeki sınıf sayısındaki artışın algoritmaların doğruluk oranları arasındaki farkı artırdığı ve CoHOG ve cgCoHOG yöntemlerinin CoHED ve cgCoHED yöntemlerinden daha iyi sınıflandırma başarısı gösterdiği görülmektedir. Bütün veri setleri üzerindeki sınıflandırma doğruluk oranları incelendiğinde cgCoHOG algoritmasının en başarılı yöntem olduğu görülmektedir.

Çizelge 4.2 Algoritmaların doğruluk sonuçları (%)

Veri Seti	Sınıf	CoHed(%)	**CgCoHed(%)**	CoHog(%)	ColorCoHog(%)	**CgCoHog(%)**
Indria	2	72.957568	76.124129	92.716909	94.236859	95.820139
Cars	2	86.993603	88.486141	90.831557	92.750553	96.375267
Airplanes	2	76.732673	86.138614	86.138614	88.118812	90.594059
Light	2	80.416667	82.083333	80.000000	85.00000	90.000000
Caltech4	4	69.500000	80.00000	68.00000	70.000000	77.403846
Caltech5	5	69.711538	79.807692	69.711538	72.115385	74.000000
Caltech6	6	60.824742	68.556701	69.072165	71.649485	72.164948
Caltech7	7	43.712575	52.095808	41.916168	44,311377	44.910180

Şekil 4.3 ve Şekil 4.4 indria veri setindeki, Şekil 4.5 ve Şekil 4.6 Caltech4 veri setindeki, Şekil 4.7 ve Şekil 4.8 Caltech7 veri setindeki algoritmaların geri yayılımlı yapay sinir ağı ile eğitim sürecinde elde edilen Hata Değeri-Iterasyon Sayısı grafiklerini göstermektedir. Grafiksel sonuçlar incelendiğinde CoHOG ve cgCoHOG yöntemlerinin Hata değerlerini düşürmede CoHED ve cgCoHED yöntemlerinden daha etkili olduğu görülmektedir. Ayrıca veri setlerindeki sınıf sayısı arttıkça, hata değerini düşürmede önerilen yöntemlerin geleneksel yöntemlere göre daha iyi olduğu görülmektedir.

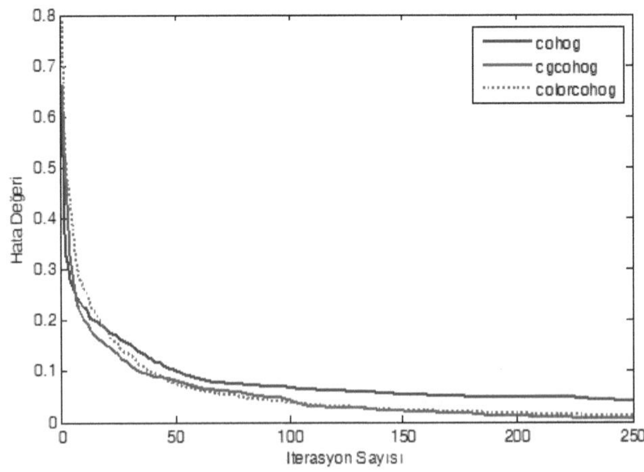

Şekil 4.44 Indria veri seti CoHOG eğitim performansları

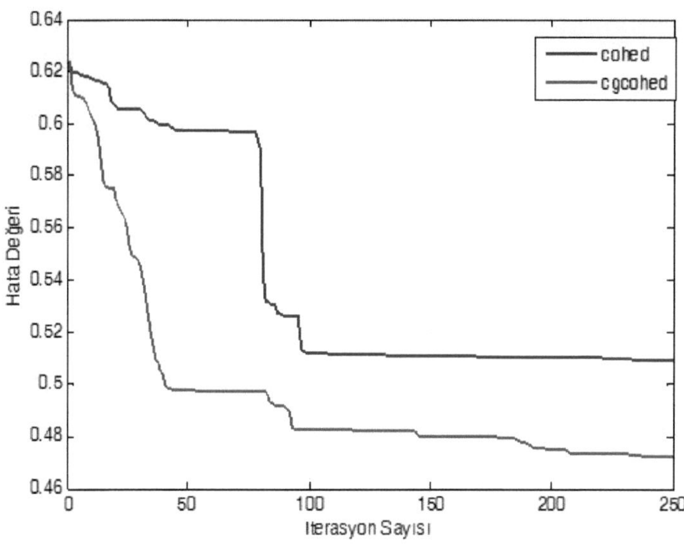

Şekil 4.45 Indria veri seti CoHED eğitim performansları

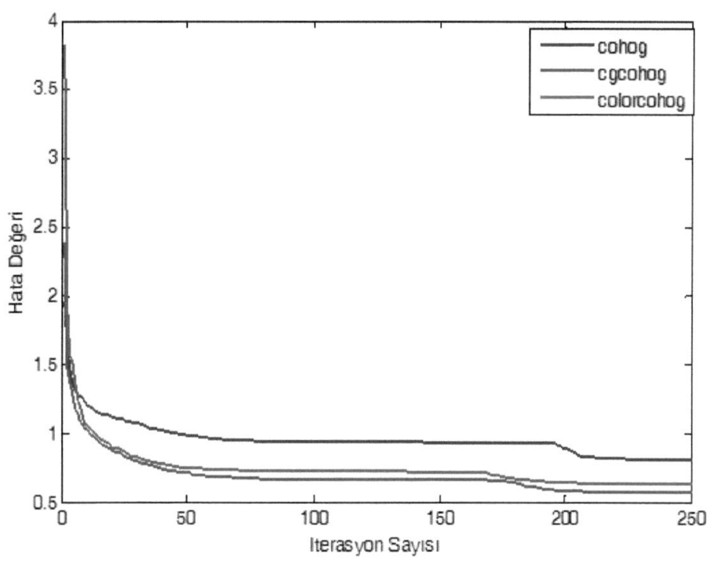

Şekil 4.46 Caltech4 veri seti CoHOG eğitim performansları

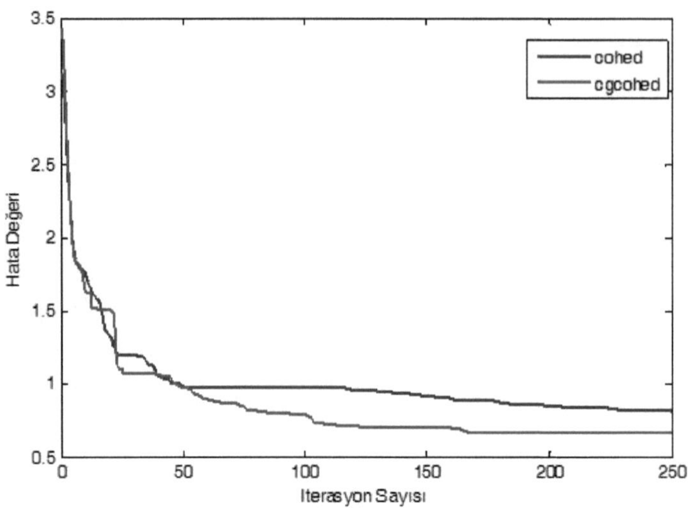

Şekil 4.47 Caltech4 veri seti CoHED eğitim performansları

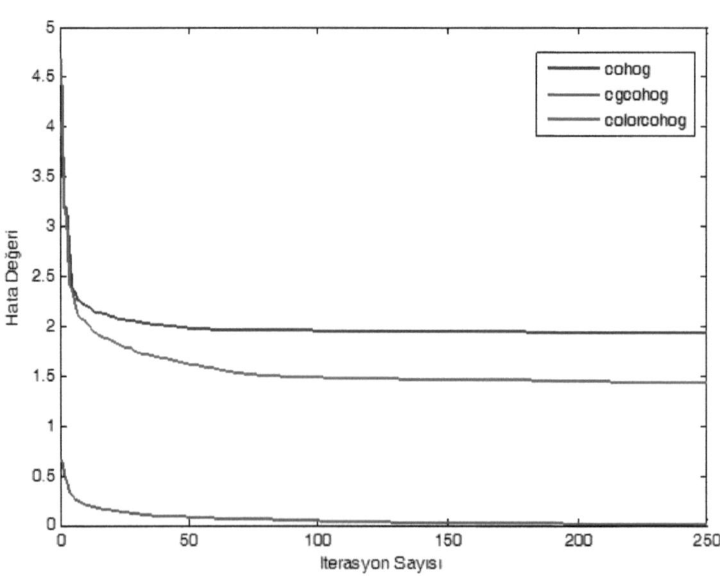

Şekil 4.48 Caltech7 veri seti CoHOG eğitim performansları

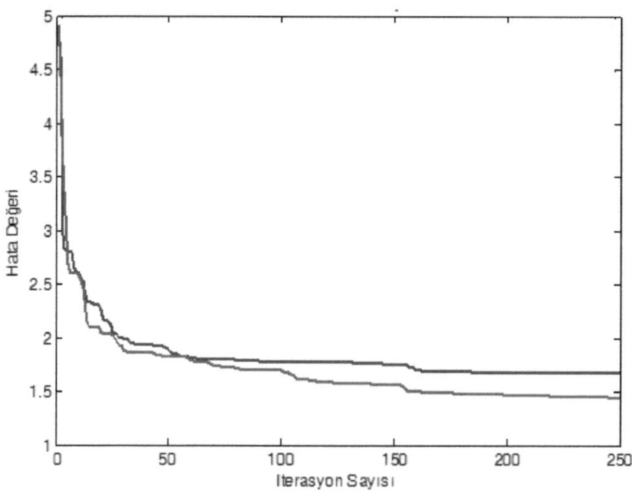

Şekil 4.49 Caltech7 veri seti CoHED eğitim performansları

Çizelge 4.3 algoritmaların veri setindeki imgelerin öznitelik vektörlerin elde edilmesi sırasında geçen süreleri (sn) göstermektedir. Çizelge 4.3 incelendiğinde, renkli gradyan bilgisini kullanan önerilen yöntemlerin çift açı sunumu yöntemini kullanan geleneksel yöntemlerden daha etkili olduğu görülmektedir.

Çizelge 4.3 Algoritmaların öznitelik çıkarma sırasında geçen süre sonuçları

Veri Seti	Sınıf	Sayı	CoHED (sn)	**cgCoHED (sn)**	Color CoHOG (sn)	**cgCoHOG (sn)**
Indria	2	3634	126.582562	103.893415	471.512883	456.618280
Cars	2	1522	366.885740	323.284680	1214.493932	1185.614201
Airplanes	2	1930	281.993844	250.615076	929.949746	899.099493
Light	2	2160	222.547894	186.180298	2463.475412	2348.498847
Caltech4	4	1155	97.392754	80.772424	264.840255	260.343269
Caltech5	5	1607	167.450392	145.318958	522.942058	516.909682
Caltech6	6	934	218.452295	197.836372	647.604516	627.377082
Caltech7	7	1368	325.0322762	290.064903	976.378309	963.650835

Hız konusu yaya tanıma gibi gerçek zamanlı uygulamalarda oldukça önemli bir problemdir. CoHED ve cgCoHED yöntemlerinin zamansal olarak CoHOG ve cgCoHOG yöntemlerinden daha etkin olduğu görülmektedir. Sonuç olarak bahsedilen bütün heterojen öznitelik tanımlayıcılar incelendiğinde gerçek zamanlı uygulamalar için cgCoHED yönteminin en uygun yöntem olduğu görülmektedir.Algoritmaların sınıflandırma doğrulukları göz önüne alınarak, veri setlerindeki yapay sinir ağlarında eğitim veri kümesi olarak kullanılan imgelere farklı varyans parametreleri ile Gauss gürültüsü eklenmiştir (Bkz Şekil 4.9). Gauss gürültüsündeki varyans parametresinin algoritmaların sınıflandırma başarısı üzerindeki etkisi değerlendirilmektedir. Çizelge 4.4 farklı varyans parametrelerindeki gauss gürültüsünün algoritmaların sınıflandırma doğruluğu üzerindeki etkilerini göstermektedir. Her gürültü ekleme işlemi sonrasında algoritmaların doğruluk oranları yeniden hesaplanmıştır. Sonuçlar değerlendirildiğinde, önerilen yöntemlerin (cgCoHED, cgCoHOG) gauss gürültüsüne karşı geleneksel yöntemlerden (CoHED, CoHOG) daha dayanıklı ve sağlam olduğu görülmektedir. Ayrıca varyans parametresi ve veri setlerindeki sınıf sayısı arttıkça, önerilen yöntemler geleneksel yöntemlere göre daha iyi sınıflandırma başarısı gösterdiği görülmektedir.

Şekil 4.50 deki Gauss gürültüsü eklenmiş imgenin (a)- (c) Kırmızı(R), Yeşil(G), Mavi(B) bileşenleri (d) RGB bileşeni

Çizelge 4.4 Algoritmaların gürültü duyarlılığı doğruluk sonuçları (%)

	Indria		Caltech4	
σ^2	CoHED(%)	**cgCoHED(%)**	CoHED(%)	**cgCoHED(%)**
0.001	76.440785	76.757441	37.500	46.500
0.002	76.060798	76.567448	29.00	36.500
0.003	75.047498	76.124129	21.000	32.500
0.004	75.047498	75.807473	20.5000	30.500
0.005	74.477517	74.350555	15.000	31.000
0.006	72.007600	75.744142	14.500	31.000
0.007	71.690944	73.717543	14.500	27.000
0.008	71.564281	73.717543	14.500	26.000
0.009	69.664345	74.097530	14.500	25.000
0.01	67.574414	73.717543	12.0000	24.000
0.02	37.478752	55.604813	11.5000	25.000
0.03	33.185560	46.105130	11.0000	23.000
0.04	30.968968	38.315389	8.00000	23.000
0.05	30.462318	35.592147	10.5000	25.000
0.06	29.639012	33.75541	11.0000	24.500
0.07	29.575681	32.235592	11.5000	24.500
0.08	29.385687	30.905636	11.5000	22.500
0.09	28.765674	31.285624	11.5000	21.000
0.1	28.689044	30.018999	10.5000	19.500

5. SONUÇLAR

Bu tez çalışmasında, güncel öznitelik çıkarım yöntemleri incelenmiş ve heterojen öznitelik tanımlayıcıları olarak bilinen Co-occurrence histogram of oriented gradients (CoHOG) ve Co-occurrence Histograms of pairs of Edge orientations and color Differences (CoHED) yöntemlerinin yeniden düzenlenerek dezavantajlarını ortadan kaldıran yeni bir öznitelik tanımlayıcı yöntem önerilmiştir. Bu yeni yöntem, klasik CoHOG ve CoHED üzerine uygulanmış ve cgCoHOG ve cgCoHED olarak isimlendirilmiştir. Öznitelik çıkarımı sürecinde önerilen yöntemler kenar yönelimlerinin belirlenmesi işlemi sırasında geleneksel yöntemlerde kullanılan çift açı sunumu yönteminin yerine renkli gradyan (color gradient) yöntemini kullanmaktadır.

Çift açı sunumu yöntemi tanımlayıcı kalitesinde hayati rol oynamaktadır. Önerilen yöntem, çift açı sunumu yönteminin sahip olduğu üç önemli dezavantajı (reel ve kompleks eksen arasındaki dönüşüm sırasındaki zaman kaybını, gradyan değişimlerini daha az ifade edebilmeyi ve matematiksel karmaşıklığını) ortadan kaldırmaktadır.

Bu tez çalışmasında önerilen cgCoHOG ve cgCoHED öznitelik tanımlayıcılarının iki önemli katkısı bulunmaktadır. Birincisi, öznitelik vektör boyutunu artırmadan sınıflandırma sürecinde geleneksel yöntemlerden daha doğru sonuçların elde edilmesini sağlamaktadır. İkinci katkısı ise, elde bu vektörleri geleneksel yöntemlerden daha kısa sürede elde edebilmesidir. Bu bahsedilen katkılar önerilen yöntemleri yaya tanıma gibi gerçek zamanlı uygulamalarda oldukça kullananılabilir kılmaktadır.

Genel veri setleri üzerinde yapılan deneysel sonuçlar önerilen yöntemin nesne sınıflandırma uygulamalarında zaman ve sınıflandırma doğruluğu açısından geleneksel yöntemlerden üstünlüğünü açıkça ortaya koymaktadır. Aynı zamanda, önerilen yöntemlerin gürültüye karşı daha sağlam olduğu görülmüştür. Sonuç olarak cgCoHOG algoritmasının en doğru ve cgCoHED algoritmasının en hızlı öznitelik üretme yöntemleri olduğu görülmüştür.

Bu tez çalışmasının çıktılarından hazırlanan "cgCoHOG and cgCoHED: Efficient Heterogeneous Feature Descriptors" başlıklı yayın Journal of Signals and Systems dergisine'e gönderilmiştir.

6. KAYNAKLAR

[1] Anonim, Büyük Türkçe sözlük, Türk Dil kurumu, 2008.

[2] Türkoğlu İ., Örüntü tanıma sistemleri, Ders notları, Fırat Üniversitesi, Fen Bilimleri Enstitusu, Elazığ, 2003, S. 6.

[3] Gunal S., Örüntü tanıma uygulamalarında alt uzay analiziyle öznitelik seçimi ve sınıflandırma, Doktora tezi, Osmangazi Üniversitesi, Fen Bilimleri Enstitüsü, Eskişehir, 2001.

[4] Güvenç H., S., Ortak vektör yaklaşımı yöntemiyle çıkarımı, Yüksek lisans tezi, Anadolu Üniversitesi, 2009.

[5] Paulus, D.W.R and Hornegger, J., 2003, **Applied Pattern Recognition**, Wieweg, Germany, 372 p.

[6] Gunal S., Örüntü Tanıma Uygulamalarında Fraktal Boyut Yardımıyla Öznitelik Çıkarımı Doktora tezi, Osmangazi Universitesi, Fen Bilimleri Enstitüsü, Eskişehir, 2010.

[7] Bellman, R., 1961, Adaptive control processes: a guided tour, Princeton University Press, 255 p.

[8] Jain, A.K. and Zongker, D., 1997, Feature selection: evaluation, application, and small sample performance, **IEEE Transactions on Pattern Analysis and Machine Intelligence**, 19, 2, 153–158.

[9] Theodoridis, S. and Koutroumbas, K., 2003, Pattern recognition, Academic Press, USA,689 p.

[10] Duda, R. O., Hart, P. E. and Stork, D. G., 2001, Pattern classification, John Wiley & Sons Inc., USA, 654 p.

[11] Ceylan R., Özellik çıkarma teknikleri ve yapay sinir ağları kullanarak bir tele-kardiyoloji sistem tasarımı, Doktora tezi, Selçuk Üniversitesi, Fen Bilimleri Enstitüsü, Konya, 2009.

[12] Rabiner, L. and Juang, B. H., 1993, Fundamentals of speech recognition, Prentice Hall,496 p.

[13] Gonzalez, R. C. and Woods, R. E., 2007, Digital image processing, Prentice Hall, 976 p.

[14] Günal, S., Ergin, S., Gülmezoğlu, M. B. and Gerek, Ö. N., 2006, On feature extraction for spam e-mail detection, Lecture Notes in Computer Science, 4105, 635–642.

[15] Tunç S., Şekil Eşleştirmeye Dayalı Nesne Takibi Yöntemi Kullanılarak Video Kodlama, Yüksek Lisans tezi, Ankara Üniversitesi, Fen Bilimleri Enstitüsü, Ankara, 2010.

[16] Canny, J., 1986, "A Computational Approach to Edge Detection", IEEE Trans. Patt.Analy. Mach. Intel. 8, 6, 679-698.

[17] J.M.S. Prewitt "Object Enhancement and Extraction" in "Picture processing and Psychopictorics", Academic Press, 1970

[18] Şenel G.H..; "Kenar Bulma İçin Topolojik Gradyan İşleçleri" Eskişehir Osmangazi Üniversitesi Müh. Mim. Fak. Dergisi, S.2, 2007

[19] Lowe, D., 2004, "Dinstictive Image Features from Scale-Invariant Key Points", **IJCV**, 60(2): 91-110.

[20] H. Bay, T. Tuytelaars, L. V. Gool, SURF: Speeded Up Robust Features, in: Proceedings of European Conference on Computer Vision (ECCV), Graz, Austria, 2006.

[21] Matas, J., Chum, O., Urban, M. and Pajdla, T., 2004, "Robust wide-baseline stereo from maximally stable extremal regions", **Image Vision Comput**., 22, pp. 761–767.

[22] Güney M., Arıca N..; " Desen Tabanlı İlgi Bölgesi Tespiti" Journal of Naval Science and Engineering 2009, Vol. 5 , No.1, pp. 94-106

[23] P.E. Forssen. Maximally Stable Colour Regions for Recognition and Matching. IEEE Conference on Computer Vision and Pattern Recognition CVPR07, Minneapolis, USA, June 2007.

[24] H.P. Moravec, "Towards Automatic Visual Obstacle Avoidance (short version)", Proceedings of the 5th International Joint Conference on Artificial Intelligence, MIT, Cambridge, Ağustos 1977, p. 584.

[25] W. Förstner, "A Feature Based Correspondence Algorithm for Image Matching", International Archives of Photogrammetry and Remote Sensing, vol. 26, 1986, p.150-166.

[26] C.G. Harris, M. Stephens, "A Combined Corner and Edge Detector", Proc. of Fourth Alley Vision Conference, Manchester, 1988, p.182-192.

[27] C. Tomasi, T. Kanade, Shape and Motion from Image Streams: a Factorization Method Part 3: Detection and Tracking of Point Features, Carnegie Mellon University Technical Report, CMU-CS-91-132, Nisan 1991.

[28] L. Kitchen, A. Rosenfeld, Gray Level Corner Detection, Technical Report of Computer Center 887, University of Maryland, April 1980.

[29] C.S. Kenney, M. Zuliani, B.S. Manjunath, "An Axiomatic Approach to Corner Detection", Proc. of the IEEE Conference on Computer Vision and Pattern Recognition (CVPR), 2005.

[30] F. Mokhtarian, F. Mohanna, "A Performance Evaluation of Corner Detectors using Consistency and Accuracy Measures", **Computer Vision and Image Understanding**, vol. 102, Nisan 2006, p. 81-94.

[31] S.M. Smith, M. Brady, "SUSAN - A New Approach to Low Level Image Processing", **Int. Journal of Computer Vision**, vol. (1) 23, 1997, p. 45-78.

[32] M. Trajkovic, M. Hedley, "Fast Corner Detection". Image and Vision Computing, vol. 16, 1998, p. 75-87.

[33] S. Baker, S.K. Nayar, H. Murase, "Parametric Feature Detection", **Int. Journal of Computer Vision**, vol. 27, 1998, p. 27-50.

[34] T. Blaszka, R. Deriche, Recovering and Characterizing Image Features Using an Efficient Model Based Approach, Technical Report RR-2422, INRIA, 1994.

[35] E. Chabat, G.Z. Yang, D.M. Hansell, "A Corner Orientation Detector", **Image and Vision Computing**, vol. (10) 17, 1999, p.761-769.

[36] F. Shen, H. Wang, "Real Time Gray Level Corner Detector", Proc. of 6th Int. Conference on Control, Automation, Robotics, and Vision (ICARCV) 2000.

[37] P. Rosin, "Measuring Corner Properties", **Computer Vision and Image Understanding**, vol. 73, Şubat 1999, p. 291-307.

[38] E. Vincent, R. Laganiere, "Detecting and Matching Feature Points", **Journal of Visual Communication and Image Representation**, vol. 16, Şubat 2005, p. 38-54.

[39] Baştanlar Y., Yardımcı Y.; " İmgelerdeki Köşe Noktalarının Köşe Özellikleri Kullanarak Seçilmesi" IEEE SİU Kurultayı , Eskişehir, 2007

[40] Aydemir Ö., Beyin Bilgisayar Arayüzü Uygulamalarına Yönelik EEG İşaretleri için Öznitelik Çıkarma, Yüksek Lisans tezi, Karadeniz Teknik Üniversitesi, Fen Bilimleri Enstitusu, Trabzon, 2008.

[41] Jackson, J.,E. : A User's Guide To Principal Components, John Wiley&Sons Inc., Canada, 1991.

[42] A. Hyvärinen, "Survey on Independent Component Analysis," Helsinki University of Technology, Finland, 1999.

[43]. A. Hyvärinen, E. Oja, "Independent Component Analysis: A Tutorial," Helsinki University of Finnland.

[44] A. Serdaroğlu, A. Ertüzün, A. Erçil.; " Tekstil kumaş imgelerinde dalgacık dönüşümleri ve bağımsız bileşen analizi ile hata denetimi" Conference Paper, SIU 2005, 2005.

[45] Tekin E., Akbaş S.O.; "Çimento Enjeksiyonlarının Kumlara Enjekte Edilebilirliğinin Diskriminant Analizi İle İrdelenmesi" Gazi Üniversitesi Müh.Mim.Fak.Dergisi Cilt 25, No 3, 625-633, 2010

[46] Fisher, R. A., "The Use of Multiple Measurement in Taxonomic Problems", Ann. Eugenics, Cilt 7, 179-188, 1936

[47] Huberty, C. J., Olejnik, S., Applied Manova and Discriminant Analysis, John Wiley & Sons,USA. 48-49, 2006.

[48] Haşiloğlu, A. 1999. "Dalgacık Dönüşümü ve Yapay Sinir Ağları ile Döndürmeye Duyarsız Doku Analizi ve Sınıflandırma". Teknik Rapor, Atatürk Üniversitesi, Mühendislik Fakültesi, Elektronik ve Haberleşme Mühendisliği Bölümü, Erzurum.

[49] Özden, M. 2005. "Ortalama Kayma Algoritmasının Geliştirilerek Görüntü Dizilerinde Hareketli Nesne Takibi ve Görüntü Kesimleme Amaçlı Kullanılması". Yüksek Lisans Tezi, Kırıkkale Üniversitesi, Fen Bilimleri Enstitüsü, Kahramanmaraş.

[50] Pekçakar A., Dalgacık Dönüşümü ile EKG Sinyallerinin İşlenmesi ve Özellik Çıkarımı,Yüksek Lisans tezi, Düzce Üniversitesi, Fen Bilimleri Enstitüsü, Düzce, 2008.

[51] Mallat, S., 1999, A wavelet tour of signal processing, Academic Press, 637 p.

[52] Proakis, J. G. and Manolakis, D. K., 2006, Digital signal processing, Prentice Hall, 1004p.

[53] Shashua A., Gdalyahu Y., and Hayon G., "Pedestrian detection for driving assistance systems:Single-frame classification and system level performance", In Proceedings of IEEE Intelligent Vehicles Symposium, 2004.

[54] N. Dalal and B. Triggs., "Histograms of oriented gradients for human detection", In C. Schmid, S. Soatto, and C. Tomasi, editors, International Conference on Computer Vision and Pattern Recognition, volume 2, pages 886–893, June 2005.

[55] Öztürk S., Sankur B., Ceyhun B., "Karmaşalı Sahnelerde İnsan Bulunması", In IEEE 18th Signal Processing and Communications Applications Conference (SIU), 2010.

[56] Karakaya F, Altun H, Cavuslu, M.A.,"Gerçek Zamanlı Nesne Tanıma Uygulamaları için HOG Algoritmasının FPGA Tabanlı Gömülü Sistem Uyarlaması", In IEEE 17th Signal Processing and Communications Applications Conference (SIU), 2009.

[57] O. Déniz, G. Bueno, J. Salido, and F.D.L. Torre, "Face Recognition with Histograms of Oriented Gradients , In Proceedings of VISAPP (2), pp.339-344, 2010.

[58] Yanwei Pang, Yuan Yuan, Xuelong Li, JingPan, "Efficient HOG human detection", **Signal Processing**, Vol:91, Issue:4, pp. 773–781, 2011.

[59] Shu Chang, Ding Xiaoqing, Fang Chi , "Histogram of the Oriented Gradient for Face Recognition", **Tsinghua Science & Technology**,Vol:16, Issue :2, pp. 216-224, 2011.

[60] Alpaslan, N., Talu, M.F., Gül, M., Yiğitcan, B., "Hog tabanlı YSA kullanılarak yağlı karaciğer tedavisindeki ilaç etkinliğinin hesaplanması", Sakarya Üniversitesi Fen Bilimleri Enstitüsü, Cilt: 16, Sayı:2, Sayfa: 106-112, 2012.

[61] T.Watanabe, S. Ito, and K. Yokoi, "Co-occurrence histograms of oriented gradients for pedestrian detection," in Proc. 3rd IEEE Pacific-Rim Symp. Image Video Technol., 2009, pp. 37–47.

[62] Ito S., Kubota S., Object Classification Using Heterogeneous Co-occurrence Features, Computer Vision - ECCV, Part V. Volume 6315 of Lecture Notes in Computer Science, pages 701-714, 2010.

[63] A. Koschan: A Comparative Study On Color Edge Detection, Proc. 2nd Asian Conf. on Computer Vision ACCV '95, Singapore, 5-8 December 1995, Vol. III, pp. 574-578.

[64] M. Ruzon and C. Tomasi, "Color Edge Detection with the Compass Operator," In Proceedings of the IEEE Conference on Computer Vision and Pattern Recognition, Ft. Collins, CO, V. 2, pp. 160-166, June 1999.

[65] Ott, P., Everingham, M., "Implicit color segmentation features for pedestrian and object detection," Computer Vision, IEEE 12th International Conference on, vol., no., pp.723-730, 2009.

[66] Granlund G.H.,In search of a general picture processing operator, Computer Graphics and Image Processing, 2 (1978) 155-173.

[67] Temiz S.M., Külür S., " Video Görüntülerinin Kaçış Noktaları Yardımıyla Rektifikasyonu", TMMOB Harita ve Kadastro Mühendisleri Odası 13. Türkiye Harita Bilimsel ve Teknik Kurultayı, Ankara, 2011.

[68] Safran, M.İ. ve Öktem, R., 2007. Hızlı Hough Dönüşümü Yaklaşıklığı ve Çubuk Kod Tespitine Uygulanması, SIU 2007, Eskişehir.

[69] Harris, C. and Stephens, M., 1988, "A combined corner and edge detector", inProceedings of the Fourth Alvey Vision Conference, Vol. 15, pp.317-325.

[70] Mikolajczyk, K. and Schmid, C., 2001, "Indexing based on scale invariant interestpoints", in Proceedings of the 8th International Conference on Computer Vision(ICCV), pp. 525–531.

[71] Mikolajczyk, K. and Schmid, C., 2004, "Scale and affine invariant interest point detectors", **Int. J. Comput. Vis.**, 60, pp. 63–86.
[72] F′evrier, L., 2007, "A Wide-baseline Matching Library for Zeno", Internship report.
[73] Mikolajczyk, K. and Schmid, C., 2002, "An affine invariant interest point detector", in Proceedings of the Seventh European Conference on Computer Vision (ECCV), Springer-Verlag, London, pp. 128–142.
[74] Tuytelaars, T. and Gool, L. V., 1999, "Content-based image retrieval based on local affinely invariant regions", in Proceedings of the Third International Conference on Visual Information and Information Systems, pp. 493–500.
[75] Tuytelaars T. and Gool, L. V., 2000, "Wide baseline stereo matching based on local, affinely invariant regions", in Proceedings of the British Machine Vision Conference, pp. 412–425.
[76] Kadir, T., Zisserman, A. and Brady, M., 2004, "An affine invariant salient region detector", in Proceedings of the 8th European Conference on Computer Vision,pp. 228–241.
[77] Mikolajczyk, K., Tuytelaars, T., Schmid, C., Zisserman, A., Matas, J., Schaffalitzky, F.,Kadir, T. and Gool, L., 2005, "
[78] P. Viola and M. Jones "Rapid object detection using a boosted cascade of simple features", in Proc. of IEEE Computer Society Conference on Computer Vision and Pattern Recognition (CVPR), vol.1, pp.511-518, 2001.
[79] Teke, M.; Temizel, A.;"Registration of multi-spectral satellite images with scale-restricted SURF," Signal Processing and Communications Applications Conference (SIU), 2010 IEEE 18th, vol., no., pp.356-359, 22-24 April 2010
[80] Mikolajczyk K. and Schmid, C., 2005, "A performance evaluation of local descriptors", **IEEE Trans. Pattern Anal. Mach. Intell.**, pp. 1615–1630.
[81] Vijay Chandrasekhar, Gabriel Takacs, and David Chen, Sam Tsai, Radek Grzeszczuk, Bernd Girod, "CHoG: Compressed Histogram of Gradients, a Low Bitrate Descriptor," in CVPR, 2009.
[82] G. Takacs, V. Chandrasekhar, S. Tsai, D. Chen, R. Grzeszczuk, and B. Girod, "Unified real-time tracking and recognition with rotation-invariant fast features", IEEE International Conference on Computer Vision and Pattern Recognition (CVPR), San Francisco, California, June 2010.
[83] M. Calonder, V. Lepetit, C. Strecha, P. Fua, BRIEF: Binary Robust Independent Elementary Features, in: European Conference on Computer Vision (ECCV 2010), Berlin, Heidelberg, 2010.
[84] Lifang Li; Yang Lu; Xianliang Tong; Man Liu; , "A novel visual tracking algorithm based on random sampling and color gradient," Control and Decision Conference (CCDC), Chinese , vol., no., pp.4121-4125, 23-25, 2011
[85] N. Dalal, "Finding people in images and videos," Ph.D. dissertation, INRIA, Rhone-Alpes, France, 2006.
[86] Griffin, G. Holub, AD. Perona, P. The Caltech-256, Caltech Technical Report. 2012.

[87] O. Ludwig, D. Delgado, V. Goncalves, and U. Nunes, 'Trainable Classifier-Fusion Schemes: An Application To Pedestrian Detection,' In: 12th International IEEE Conference On Intelligent Transportation Systems, 2009, St. Louis, 2009. V. 1. P. 432-437.

7. EKLER

hog.m

Bu fonksiyon, HOG öznitelik vektörlerini elde etmek için kullanılmaktadır [87].

```
function H=HOG(Im)
nwin_x=3;%set here the number of HOG windows per bound box
nwin_y=3;
B=9;%set here the number of histogram bins
[L,C]=size(Im); % L num of lines ; C num of columns
H=zeros(nwin_x*nwin_y*B,1); % column vector with zeros
m=sqrt(L/2);
if C==1 % if num of columns==1
    Im=im_recover(Im,m,2*m);%verify the size of image, e.g. 25x50
    L=2*m;
    C=m;
end
Im=double(Im);
step_x=floor(C/(nwin_x+1));
step_y=floor(L/(nwin_y+1));
cont=0;
hx = [-1,0,1];
hy = -hx';
grad_xr = imfilter(double(Im),hx);
grad_yu = imfilter(double(Im),hy);
angles=atan2(grad_yu,grad_xr);
magnit=((grad_yu.^2)+(grad_xr.^2)).^.5;
for n=0:nwin_y-1
    for m=0:nwin_x-1
        cont=cont+1;

angles2=angles(n*step_y+1:(n+2)*step_y,m*step_x+1:(m+2)*step_x);

magnit2=magnit(n*step_y+1:(n+2)*step_y,m*step_x+1:(m+2)*step_x);
        v_angles=angles2(:);
        v_magnit=magnit2(:);
        K=max(size(v_angles));
%assembling the histogram with 9 bins (range of 20 degrees per bin)
        bin=0;
        H2=zeros(B,1);
        for ang_lim=-pi+2*pi/B:2*pi/B:pi
```

```
            bin=bin+1;
            for k=1:K
                if v_angles(k)<ang_lim
                    v_angles(k)=100;
                    H2(bin)=H2(bin)+v_magnit(k);
                end
            end
        end

        H2=H2/(norm(H2)+0.01);
        H((cont-1)*B+1:cont*B,1)=H2;
    end
end
```

cohog.m

Bu fonksiyon, CoHOG öznitelik vektörlerini elde etmek için kullanılmaktadır.

```
function y = CoHog(I,oribin,splitw,splith,ofsets)
     I = rgb2gray(I);
     [m,n] = size(I);
     m = m - mod(m,splith);
     n = n - mod(n,splitw);
     I = double(I(1:m,1:n));
     hx = [-1,0,1];
     hy = -hx';
     Gx = imfilter(double(I),hx);
     Gy = imfilter(double(I),hy);
O = 180*((atan2(Gy,Gx)/pi)+1);
O1 = ceil(O/45);
O1split = mat2tiles(O1,[m/splith,n/splitw]);
regionnumber = size(O1split,1)*size(O1split,2);
CoHg = zeros(regionnumber,size(ofsets,1),oribin,oribin);
rc=1;
for i=1:size(O1split,1)
        for j=1:size(O1split,2)
            region = O1split{i,j};
for k=1:size(ofsets,1);
CoHg(rc,k,:,:) =
graycomatrix(region,'NumLevels',oribin,'G',[],'offset', ofsets(k,:),
'Symmetric', false);
```

```
            end
            rc = rc +1;
        end
    end
    y = CoHg(:)';
end

function outCell=mat2tiles(inArray,varargin)
    tileSizes=[varargin{:}];
    N=length(tileSizes);
    Nmax=ndims(inArray);
    if N<Nmax
        tileSizes=[tileSizes,inf(1,Nmax-N)];
    elseif N>Nmax
   tileSizes=tileSizes(1:Nmax);
    end
    N=Nmax;
    C=cell(1,N);
    for ii=1:N %loop over the dimensions
     dim=size(inArray,ii);
     T=min(dim, tileSizes(ii));
     if T~=floor(T) || T<=0
 error 'Tile dimension must be a strictly positive integer or Inf'
     end
     nn=( dim / T );
       nnf=floor(nn);
     resid=[];
     if nnf~=nn
        nn=nnf;
        resid=dim-T*nn;
     end
C{ii}=[ones(1,nn)*T,resid];
    end
    outCell=mat2cell(inArray,C{:});
end
```

cohed.m

Bu fonksiyon, CoHED öznitelik vektörlerini elde etmek için kullanılmaktadır.

```
function y = CoHed(im,OrientationLabel,ColorDiffLabel,ofsets)
    % I : Image (double olmalı)
```

```
    % OrientationLabel: Maksimum Orientation etiket sayısı
    % ColorDiffLabel: Maksimum ColorDiff etiket sayısı
    % Edge Orientation is calculated. Edge Orientations are quantized
into 4 directions and Labeled.
    hx = [-1,0,1]; hy = -hx';
    %Her bir renk kanalı için kenar değerleri elde edilir.
        I = double(im);
        Gx = imfilter(I,hx); Gy = imfilter(I,hy);
        O = atan2(Gy,Gx);
        % Double Angle Represantation
        z = exp(1i*O(:,:,1))+exp(1i*O(:,:,2))+exp(1i*O(:,:,3));
        angles = 180*((angle(z)/pi)+1);
        Ol = ceil(angles/(360/OrientationLabel)); Ol(Ol==0)=1;
        I = double(rgb2ycbcr(uint8(I)));
        Y= I(:,:,1); Cb= I(:,:,2); Cr= I(:,:,3);
        [m,n,~]=size (Y);

% Color Differences are Calculated in Y-Cb-Cr Color Spaces
        YN=zeros(size(Y,1),size(Y,2),size(ofsets,2));
        CbN=zeros(size(Y,1),size(Y,2),size(ofsets,2));
        CrN=zeros(size(Y,1),size(Y,2),size(ofsets,2));
    for k=1:size(ofsets,2)
        for p=1:m % Image size1
             for r=1:n % Image size2
                jn1=mod(r-ofsets(k)-1,n)+1;
                jn2=mod(r+ofsets(k)-1,n)+1;
                YN(p,r,k)=Y(p,jn2)-Y(p,jn1);
                CbN(p,r,k)=Cb(p,jn2)-Cb(p,jn1);
                CrN(p,r,k)=Cr(p,jn2)-Cr(p,jn1);
             end
        end
    end
    %Color Differnces Quantized into 8 directions.

    YCb = 180*((atan2(CbN,YN)/pi)+1);
    YCr = 180*((atan2(CrN,YN)/pi)+1);
    CbCr = 180*((atan2(CrN,CbN)/pi)+1);
    % Quantized Color differences are labeled.
    YCbl = ceil(YCb/(360/ColorDiffLabel));YCbl(YCbl==0)=1;
    YCrl = ceil(YCr/(360/ColorDiffLabel));YCrl(YCrl==0)=1;
    CbCrl = ceil(CbCr/(360/ColorDiffLabel));CbCrl(CbCrl==0)=1;
```

```
    H=max(Ol(:));
    W=max(YCbl(:));
    [s1,s2,s3]=size(YCbl);
    YCbS=zeros(H,W,s3); YCrS=zeros(H,W,s3); CbCrS=zeros(H,W,s3);

%Co-Occurence histogram with color difference is calulated for "Cb-
Cr","Y-Cb","Y-Cr" color spaces
    for k=1:s3
        for p=1:s1
            for r=1:s2
                v1=Ol(p,r);
                v2=YCbl(p,r,k);
                v3=YCrl(p,r,k);
                v4=CbCrl(p,r,k);

YCbS(v1,v2,k)=YCbS(v1,v2,k)+abs(YN(p,r,k))+abs(CbN(p,r,k));

YCrS(v1,v3,k)=YCrS(v1,v3,k)+abs(YN(p,r,k))+abs(CrN(p,r,k));

CbCrS(v1,v4,k)=CbCrS(v1,v4,k)+abs(CrN(p,r,k))+abs(CbN(p,r,k));
            end
        end
    end
    Ly = [YCbS(:);YCrS(:);CbCrS(:)];
y = Ly';
end
```

Printed by Books on Demand GmbH, Norderstedt / Germany